크리에이팅

# 크리에이팅

**4차 산업혁명 시대에 반드시 가져야 할 능력**

# CREATING

조인우 지음

한국경제신문 *i*

우리는 기발한 콘텐츠 하나로도 막대한 부를 얻을 수 있는 시대에 살고 있다. 사회에 첫발을 내딛는 청년부터 100세 시대에 제2의 인생을 설계해야 하는 시니어들까지, 이 책을 통해 기존의 가치관이나 사고의 틀을 깨부수는 긍정의 에너지를 얻기 바란다.

– 경영학 박사, 유럽전문 투어컨덕터 **현길남**

한 명의 크리에이터가 좋은 콘텐츠로 세상에 선한 영향력을 행사할 수 있고 매출도 웬만한 중소기업을 능가하는 시대다. 창업은 인류가 상거래를 시작하면서부터 존재했지만, 크리에이팅은 IT기술의 발달로 앞으로 더욱 각광받는 직업 형태가 될 것이다. 안정적인 직업을 박차고 크리에이터의 삶으로 뛰어든 저자의 지행일치 때문에 더 신뢰가 가는 책이다!

– 에프엠가정의학과 원장, 글 쓰는 의사 블로거 **전승엽**

구시대적 발상으로는 더 이상 크리에이팅에 성공할 수 없다. 이에 따르는 경제적 리스크와 부담도 매우 크다. 그런 의미에서 이 책은 여러분에게 위험 부담 없는 긍정적 크리에이팅 비전을 제시해준다. 즐기면서 투자하고 기분 좋게 도전하라. 이 책이 여러분의 꿈으로 향하는 여정을 물심양면 도울 것이다.

– 캠퍼스 고전 미스터리 네이버 연재 작가 **최해영**

세상은 정말 빠르게 변화한다. 어제 입었던 옷도 금세 지겨워지고 내일 입을 옷도 무엇을 입어야 예쁘게 입을지 결정하기가 어렵다. 세상도 그렇다. 언제든지 지겹고, 결정하기 어려운 세상을 내가 만들어간다면 어떨까? 이 책은 그런 고민에 대한 해답이 담겨 있다.

– 전) 한국생명공학연구원 연구원, 블로거 로니 **안샤론**

사회적으로 혁신, 창의력이 강조되면서 우리나라는 한국의 스티브 잡스를 발굴하기 위해 노력했다. 그러나 저자는 혁신, 즉 크리에이팅을 위해서는 누군가를 모방하기보다 스스로에게 집중해야한다고 말하며 개인의 마음가짐부터 전략까지 상세히 소개하고 있다. 이 책은 스스로에게 집중하기에 서툰 크리에이팅 입문자에게 좋은 안내서가 될 것이다.

– 신용평가 금융업 종사 **배철한**

반복적인 일과 지루한 삶에 신나는 일 없을까? 이 책에서는 삶에 첨가물을 넣으라고 한다. 바쁜 삶 속에 크리에이팅이라는 아주 화려하고 멋진 첨가물을 넣어보는 것이다. 그러면 바쁘고 고된 일상이 더 즐겁게 신나게 되지 않을까?

– IT엔지니어 **유한용**

유학도 다녀왔고, 모델일도 해봤다. 이것저것 닥치는 대로 배워왔고, 지금은 국립대병원 간호사로 일하고 있다. 자기계발에 대한 꿈은 언제나 놓지 않는다. 이 책은 이것저것 닥치는 대로 하는 나의 삶에 응원의 메시지가 담겨 있다. 꿈을 크리에이팅해보자.

– 전직 모델 출신, 간호사 **서상혁**

유튜브에 관심이 많았던 나는 이 책을 보고 많은 것을 구상했다. 이 책은 크리에이팅에서 가장 기초가 되는 '브랜드화'에 대한 고민이 담겨 있었다. 가장 어려울 수 있는 기초 다지기를 쉬운 말로 풀어내서 더 좋았다.

– 유튜버 모링구, 모닝스타스튜디오 대표 디자이너 **조유리**

우리는 지능과 정보를 기반으로 한 4차 산업혁명 시대에 살고 있다. 앞으로 더 빠르게 변화될 정보화 시대에 맞춰 혁신적이고 창의적인 연구가 필요하다. 변화무쌍한 미래 세상에 대비해 자기계발을 위해 이 책을 읽고 최대한의 노력을 해보자. 다짐하고 그 다짐을 잊지 않고 실천했을 때, 이 책의 독자들은 크리에이터의 길에 한걸음 더 다가가 있을 것이다. 크리에이팅을 맞이하고 실천하자!

– 노랑꽃집 대표 **강경진**

불과 10년 전만 하더라도 컴퓨터 앞에서 게임만 하던 초등학생들은 현재 컴퓨터 앞에서 코딩을 배우고 있을 만큼 시대가 빠르게 변화하고 있다. 이러한 시대에 인간의 소통 욕구와 표현 욕구를 크리에이팅이라는 새로운 통로로 자신만의 세상을 표현하고 있다. 이 책은 독자에게 새로운 세상에서 자신을 표현할 수 있는 길을 열어주고, 새로운 시대로의 안내를 도와주는 길잡이와 같은 책이 되어줄 것이다.

– 은행업 종사 **강성실**

이 책은 변화하는 거대한 세상 속에 작은 호롱불이 되어줄 것이다. 이제는 이것을 들고 어떻게 세상에 나아가느냐에 달렸다. 주저하지 말고 변화라는 어둠 속에 한걸음 내딛어보자.

- ㈜부산교통, 대한여객, 영화여객 대표이사,
남명학(성리학자 남명조식 사상연구)진흥재단 이사장 **조옥환**

우리의 시간은 일정해도 세상의 시간은 더욱 빨리 간다. 그 빠른 흐름을 얼마나 역동적으로 맞이할 것인지에 대한 저자의 고민과 생각들이 담겨 있다. 함께 생각하자. 저자의 머릿속에는 사업가, 학생, 직장인, 주부, 크리에이터 등 어느 누구나 공감하고 생각할 수 있는 것들로 가득 차 있다.

- 전) 대구한의과대학교수역임, 한의학 박사, 서정주한의원 원장 **서정주**

4차 산업혁명 시대에 우리가 무엇을 해야 할지에 대한 내용이 담겨 있다. AI가 우리의 일을 대신해줄 것이라고 생각해서 가만히 있으면 될까? AI가 우리의 단순한 일을, 그리고 꽤나 복잡한 일들을 앗아간다고 해도 빼앗아가지 못하는 것이 있다. 그것은 꿈, 그리고 콘텐츠다.

- 국립경남과학기술대학교 창업대학원장, 영어학과 교수, 문학박사 **진용우**

이 책의 저자는 젊고 영리하다. 긍정의 문장들은 새로운 것을 찾는 두뇌 톱니바퀴에 기름칠을 해준다. 해낼 수 있다는 자신감으로 젊은 에너지가 가득하다.

- 진주 삼현여자고등학교 교장 **손재호**

꿈은 현실이라는 벽에 부딪혀 희미해지고, 사라져간다. 그러나 이 책은 감히 말한다. 꿈을 꾸라고. 꿈은 이룬 사람의 특권이 아니라 꿈을 꾸며 하나하나 행동해가는 사람의 것이라고 말한다. 이 책을 보고 가슴속 아름다운 보물 상자에 넣어둔 꿈을 꺼내서 보자. 보석같이 반짝이는 기쁨의 눈물을 흘리며 다시 꿈을 꾸자.

– 전) 경상남도진주교육지원청 교육장 유병주

하루하루가 새로운 일로 가득 찬 여행길과 같다. 매일 매일 여행을 가는 것처럼 우리가 삶을 즐거움으로 맞이하면 얼마나 행복할까? 그 행복은 새로운 것의 탐험에서 시작된다. 매일이 지루하고 똑같은 일상이었다면, 이 책을 통해 여행자의 시각으로 세상을 바라보자. 별이 뿌려진 여행길을 따라 함께.

– 서울대 에너지 자원공학과 86, 삼포교통주식회사 대표이사 조영진

인생을 살다 보면 그 삶의 향방을 바꾸는 중요한 결정을 해야 할 때가 있다. 그리고 그 결정이 주위 사람들을 깜짝 놀라게 하기도 한다. 내가 아는 저자의 경우도 그랬다. 잘 다니고 있던 직장을 그만두고 하겠다는 일이 평소에 전혀 드러내지 않던 분야였기 때문에 좀 당황스러웠다. 그래서 말리기도 했지만, 몇 번의 대화 끝에 나는 저자의 선택을 존중해주고 그의 앞날을 격려해줄 수밖에 없었다.

그것은 첫째, 저자의 선택이 어쩔 수 없는 것이거나 충동적인 것이 아니기 때문이다. 그는 이미 오랜 시간을 그 분야에서 일해왔고, 이번의 선택은 단지 그 일에 매진한다는 의미였던 것이다. 둘째, 아직은 젊은 나이

크리에이팅

이기 때문이다. 젊음의 특권 중 하나가 실패해도 괜찮음이라고 볼 때, 그는 충분히 실패를 극복할 수 있는 나이다.

그런데 저자는 그에 그치지 않고 자신의 경험과 공부를 이 책에 담아 냄으로써 또 한 번 나를 놀라게 한다. 글을 쓰고 그 글을 엮어 책으로 출판한다는 것은 상당한 내공을 필요로 하는 일일 것이다. 아직은 젊은 저자이기에 조금은 염려스러운 마음으로 책의 내용을 살펴보니 나의 염려는 기우에 불과했음을 깨닫게 되었다.

나는 이 책을 통해 새삼 저자의 열정을 느꼈고, 또한 그가 삶을 대하는 자세를 볼 수 있었다. 그리고 여러 가지 사례를 들어 설명함으로써 독자들이 더 쉽게 이해하도록 하는 배려심이 돋보였다. 이제 나는 저자의 다음 행보가 궁금하고 기다려진다. 또 무엇으로 나를 놀라게 할 것인가 하는 작은 설렘마저 든다. 모쪼록 독자들께서는 이 책을 통해 스스로의 길을 크리에이팅하는 저자의 삶의 자세에서 조금의 유익함이라도 얻어 내기를 기원한다.

- 창원경상대학교병원 마취통증의학과 **양우창**

## 지금 바로 할 수 있다고?!

창업가인가? 아니면, 그저 그런 백수인가? 아니면 학생인가? 주부인가? 딸을 사랑하는 딸 바보 아빠인가? 일을 사랑(?)하는 하드 워커인가? 한시도 가만히 있지 못하는 프로 여행러인가? 답답한 사람들에게 한마디 잔소리해주는 프로 잔소리꾼인가?

다양한 곳에서 다양한 마음에서 다양한 생각에서 우리는 상상하고 그려낸다. 그것을 한곳에 모으면 어떻게 될까? 콘텐츠가 된다. 이 콘텐츠를 실체화시켜서 사람들에게 즐거움을 공유한다면 얼마나 즐거울까? 이 과정이 바로 크리에이팅이다. 유튜브 크리에이터가 되어서, 때로는 인스타그램으로 통한 인플루언서로 즐거움을 전하는 것은 어떨까? 책을 쓰기도, 단편영화를 만들기도 하고, 블로그 포스팅으로 나의 숨겨진 꿈과 끼, 잠재력을 열어보는 것이다.

누구든 상관없다. 누구나 할 수 있다. 그러기에 즐겁다. 지금 당장 크리에이팅을 해보자.

**'동네 형이 또는 동네 친구가, 아니면 조금 똑똑한 동생이 해주는 이야기'**

이 책을 쓰면서 영혼을 갈아 넣고 싶다고 생각했다. 열심히 쓰고 생각했지만, 너무 어려웠다. 내가 최고로 생각하는 것들은 내 생각에서만 최고고, 보는 사람은 아닐 수도 있다는 생각에 사로잡혔다. 그럼에도 나의 이 글을 통해, 이 책을 통해, 조금이라도 행복을 줄수 있다면 얼마나 좋을까 설레는 마음으로 써 내려갔다.

어린 시절, 동네 형이 만나는 여자친구를 자랑하며 연애할 때 어떻게 해야 하는지 이야기를 들려주었다. 어린 나와 친구는 두 손을 얼굴에 받쳐 들어 두 눈 동그랗게 뜨고 재미있게 들었다. 너무도 재미있고 웃긴 형의 말에는 교훈이 있었다.

대학생이 되어서도, 직장인이 되어서도, 주위의 다양하게 재미있는 이야깃거리를 들려주는 형, 친구, 그리고 동생이 있다. 원룸 집을 얻을 때 꼭 알아두면 좋을 만한 이야기를 해주는 형, 먼저 산 자동차의 후기를 실속 있게 이야기해주는 친구, 여자친구랑 가면 정말 좋을 만한 분위기 좋은 고깃집을 알려주는 동생. 나 역시 누군가에게는 형이 되고, 친구, 동생이 된다. 서로가 서로에게 인생에서 좋은 소스들을 계속해서 나누어간다. 그러다 보면 고마워서 커피를 대접하기도 하고, 밥을 사주기도 한다. 그렇게 먹는 커피나 밥은 전혀 아깝지 않다. 서로가 만족하는 것이다.

이 세상 누구나 자신만의 특별한 이야기를 가지고 있다. 이것이 바로 콘텐츠다. 그렇기에 이 세상의 모든 사람이 소중하다. 이 콘텐츠를 더욱 많은 사람들에게 나눌 수 있다면, 그것으로 행복을 줄 수 있다면, 수많은 커피와 밥을 얻어먹을 수 있을 것이다. 자신이 가지고 있는 일상적이고 평범해 보이는 콘텐츠는 세상에 내놓는 순간, 귀중한 자산이 되고 가치 있는 것이 되는 것이다. 이것이 바로 크리에이팅이다.

## 만만한 책, 막 다루어도 좋은 책

아주 유명한 사람이 추천하는 책이라고 해서 읽어보면, 생각보다 감동이 없는 경우가 있다. 왜 그런 것일까? 그것은 개개인의 성향, 그리고 살아온 삶의 방식이 다르기 때문이다. 사람에 따라 스티브 잡스 자서전과 같은 두꺼운 책이 읽기보다는 베개처럼 베고 자기 좋은 책일 수도 있다.

이 책은 쉽게 쓰려고 노력했다. 어려운 말은 최대한 쓰지 않았다. 소리 내어 읽어도 입에 착 감기게 써 내려갔다. 처음부터 끝까지 안 봐도 좋다. 중간에 펼쳐서 재미있을 것 같은 부분을 보고 거기서 아이디어들을 떠올려보자. 그리고 낙서하듯이 메모도 열심히 해보자. 때로는 라면 받침대로 쓰다가, 아이스크림 먹을 때 꺼내서 보기도 하자. 유용하다 싶으면 찢어서 벽에 붙여놓기도 해보자.

좋은 책으로 오래오래 기억 남으면 좋겠다. 그러나 그것보다 행복을 찾아 나서는 사람이 동기부여 하는 데 도움이 되었으면 좋겠다. 사람이 더 멋있게 성장하고 세상을 행복하게 받아들일 수 있게 도움이 되었으면 좋겠다.

이제 이 책은 정말 훌륭한 책이다. 세상에 단 하나뿐인 자신만의 콘텐츠를 가지고 있는 특별한 당신의 손에 들려 있는 순간부터 말이다. 이 책을 열고 하나하나 행복으로 나아가자. 나의 소중한 콘텐츠를 크리에이팅해서 빛나게 만들어보자.

조인우

Contents

추천사 … 4
프롤로그 … 10

## Part 01 창업가와 크리에이터는 인생이 다르다

### 01 창업, 따라만 해서는 망한다 … 21
창업의 숨겨진 비밀 | 무조건 따라 하면 성공한다!? | 결국은 망했어요

### 02 크리에이팅을 해야만 하는 이유 … 26
최자! 최효! −최소 자원, 최대 효과 | 재탕에 재탕 탕! 탕! 탕! | 갬성팔이 |
노력만 한다고 이루어진다면 얼마나 좋을까 | 크리에이팅의 고통, 소재 고갈 |
그래서 포커스를 어쩌란 말인가? | 크리에이팅, 개인을 기업으로

### 03 창업은 이제 안 된다 … 40
취업의 마인드, 창업의 마인드 | 투자받기 더러운 세상 | 스마트한 실패 |
어중간함보다 확실함

### 04 창업보다는 크리에이팅 … 48
창업과 크리에이팅 | 프레임 벗어 던지기 | 세상은 내 생각보다
빠르게 변화한다 | 젊은 꼰대 | 당하는 입장으로

### 05 격렬히 나를 지지하고 열렬히 나를 알려야 한다 … 55
물건도 알려야 팔린다 | 잠재력은 작은 것부터 | 못난 나를 속여라

CREATING

**Part 02**   **내 안에 잠든 창조자를 깨워라**

**01** **내 안의 크리에이터 'I'** ⋯ 67
나라는 존재 | 세상 밖으로 외쳐라 | 나의 가슴속의 무언가가 있다면

**02** **내 안의 크리에이터는 긍정적이다** ⋯ 71
저는 낙천적인 성격입니다 | 마법의 언어 긍정 | 내 안의 크리에이터는
모든 것을 이룰 수 있다 | 긍정에서 창조로

**03** **실패한 창업가, 성공한 크리에이터** ⋯ 80
실패해도 좋을까? | 돈 말고 시간만 써보자 | 성공한 크리에이터, 그들만의 비법

**04** **크리에이터를 이해시켜라** ⋯ 88
이해를 이해로 보아라 | 이해의 시작은 나로부터

**05** **크리에이터를 설득하라** ⋯ 92
스스로를 설득하라 | 열린 마음 | 사람은 안 변한다 | 성공한 엄친아

**Part 03**   **크리에이팅의 전략**

**01** **크리에이팅의 색이 핵심이다** ⋯ 101
트렌드 읽기 | 색이 핵심이다 | 하고자 하는 색 중심 | 강력한 힘, 명기(名機)

**02** **노트 하나로 끝내는 크리에이팅** ⋯ 107
실체와 실체화 | 즐거운가? | 누구인가? | 목표는 무엇인가? |
꾸준히 할 수 있는가? | 성취하라

**03** **내가 아니면 안 되는 것이 크리에이팅** ⋯ 117
가치를 부여하라 | 실체화되지 않으면 시체다 | 일함에서 유일함으로 |
나 아니면 누구도 할 수 없으리라 | 나는 원래 잘하는 것이 있을까?

**04** **무자본, 고소득이 진정한 크리에이팅이다** ⋯ 127
무자본으로 시작하라 | 덕질은 최고의 자본 | 없는 것을 있는 것으로

## Part 04  자세가 크리에이팅을 이룬다

**01  제일 친한 사람이 나의 크리에이팅을 제일 무시한다** ··· 135
가족도 예외는 아니다 | 혼돈의 카오스? 코스모스! | 역전의 용사 언더독

**02  결과의 점수는 내가 매긴다** ··· 143
기준은 누구에게 있는가? | 의무감과 열등감은 도움이 된다? | 성취 기준 찾기

**03  아무도 따라 하지 못할 절대적 크리에이팅을 하라** ··· 150
자신만의 세계를 열어보라 | 리미티드 에디션

**04  새 시대를 여는 자** ··· 154
지금은 유튜브의 시대? | 전통 관통하기

**05  비즈니스 이미지로 크리에이팅하라** ··· 159
비즈니스의 기본은 신뢰 | 신뢰 쌓는 방법은 어렵다? | 비즈니스의 차림으로,
비즈니스맨의 생각으로 | 성공을 부르는 고압적인 어깨 비법

## Part 05  지금 그 생각이 창작이다

**01  절대적 '한 가지'를 실행하라** ··· 169
향기롭지만 안 좋은 로션, 안 향기롭지만 좋은 로션 | 정체성 부여하기 |
직관적으로

**02  비틀어 생각하라** ··· 175
강아지나 고양이처럼 관점 비틀기 | 뒤죽박죽이 아니라 뒤집기로

**03  설마를 정말로 바꿔라** ··· 181
'설마'가 '정말'로 | 비웃음을 혁신으로 전진하라 | 페라리와 어떤 한 축구 선수

**04  끝까지 물음표를 가지게 하라** ··· 187
순수함으로 질문하라 | 손가락 하나로 아이언맨 | 물음표는 자유인의 특권

**05  고객의 이익을 추구하라** ··· 193
불법 다단계의 문제 | 간쓸개 다 팔아버릴 장사치 | 고객도 웃는 판매 |
주는 사람의 두뇌

**06  생각답지 않은 생각으로 깨닫게 하라** ··· 203
백종원은 사기꾼이다? | 토론을 부수자 | 이야기에 조미료

**07  벼랑 끝에서 시작하라** ··· 212
세상 그 어떤 것보다 무서운 힘 결핍 | 부자로 싸우자 |
부상의 아픔을 이겨내라

**Part 06  세일즈가 진정한 콘텐츠를 만들어낸다**

**01  나의 콘텐츠를 찾는 사람들** ··· 221
외계인과 접촉하는 아이들? | 내 절친보다 더 가까운 친구 알고리즘 |
팔아보자 나의 콘텐츠

**02  자기계발의 끝판왕은 수익화다** ··· 229
수익, 다시 말해 적당한 돈은 있는 걸까? | 부자들은 왜 수익에 집착할까? |
움직이는 수익, 가만히 있는 수익

**03  수익을 극대화하는 'N'** ··· 236
N잡러 | 주 40시간에 우리는 무엇을 해야 하는가? | 크리에이팅 투자

**04  지금 시대에 크리에이팅해야 한다** ··· 242
아버지의 월급과 내 월급 | 정부에서 개인으로 | 돈 말고 시간

**05  행복으로 비명을 질러라** ··· 248
착한 AI가 나쁜 AI보다 무섭다 | 혁명을 누리자 |
모두가 누리는 행복한 크리에이팅 | 행복을 가까이, 성공을 가까이

**부록 :** 브레인스토밍, 기획서, 콘티 ··· 259

**에필로그** ··· 263

# PART 01

# 창업가와 크리에이터는
# 인생이 다르다

01 창업, 따라만 해서는 망한다
02 크리에이팅을 해야만 하는 이유
03 창업은 이제 안 된다
04 창업보다는 크리에이팅
05 격렬히 나를 지지하고 열렬히 나를 알려야 한다

# 창업,
# 따라만 해서는 망한다

 **창업의 숨겨진 비밀**

당신은 분명히 성공을 위해 이 책을 열어보았을 것이다. 창조적인 생각을 한다는 것은 창업, 또는 기존 사업이나 연구 방향의 전환을 이끌어내는 것이다.

성공, 창업, 패러다임의 전환을 위해 여러 가지 책들을 보았을 것이다. 책뿐만 아니라 인터넷, 텔레비전, 신문, 그리고 강연 등의 다양한 매체를 통해 익히고 외우며 활용하고 있을 것이다. 그렇게 여러 가지 매체를 통해서 성공할 확신이 있는가?

다양한 매체를 통해서 얻어낸 성공 비법들. 그 비법으로 아이디어를 발견·활용해 성공을 분명하게 한다면, 지금 세상 모든 사람은 행복의 비명을 지르며 돈에 대한 스트레스 없이 행복을 누렸을 것이다. 하지만 유감스럽게도 세상은 냉혹하다. 성공은 자신을 크리에이팅한 사람이 하게 되어 있다. 성공한 사람들은 자신만의 크리에이팅 비법으로 성공을 이루어낸다. 크리에이팅에 대한 정확한 비법은 숨겨둔 채, 정확하지 않은 크리에이팅의 방법을 매체에서 떠들어댄다.

또 성공하고 싶어 우리는 무작정 위대한 사람들을 롤모델 삼아 따라간다. 그들의 삶으로 도배된 자기계발서를 열심히 읽는다. 하지만 읽는 순간, 그리고 주어진 과제를 이루어내는 순간뿐이다. 정신을 차리고 보면 다시 한심한 자신의 모습으로 돌아간다. 자신의 색, 자신의 잠재력을 생각하지 못하고 현실만 생각하며 살게 된다.

 **무조건 따라 하면 성공한다!?**

따라 해서 얻는 것은 없을까? 분명히 있다. 노하우 없이 무작정 따라 하기로 자신의 원하는 사업에 뛰어든다면 도움은 된다. 그

크리에이팅

러나 계속해서 따라만 한다면 어떻게 될까? 수익은 줄게 된다. 늘어나는 것은 낭비된 시간, 빚, 떠나가는 사람들이다. 소비자들은 진짜와 가짜 앞에서 진짜를 선택하지, 진짜 같은 가짜에는 금방 질린다.

모방으로 시작된 스타트업 기업도 수도 없이 많다. 그런 스타트업 기업들을 보며 가짜 같은 진짜도 성공을 이룬다고 착각한다. 그러나 그렇게 시작한 스타트업 기업들도 모방에서 독자적인 개성을 찾으려고 노력한다. '아류'라는 낙인이 찍힌 채 더 이상 힘쓰지 못하고 망한다. 매체에서도 많이 있지 않은가. 흡수당하거나, 망하는 기업의 모습. 그렇다면 기존의 모방 방식을 유지하던 스타트업 기업들은 어떻게 됐냐고? 다 망했다. 성공한 기업 사례가 있다고 생각한다면, 당신은 새로운 도전으로 성공을 이룰 수 있는 체질이 아니다. 당장 접자.

 **결국은 망했어요**

자신의 사업 철학과 가치 없이도 시작은 할 수 있다. 그러나 모방에서 모방으로 끝을 보려 한다면 어떤 방식에서든지 망한다. 유행한다고 해서 그대로 따라 하면 성공한다고?

"유행한다는 것은 소비하기에 좋은 때지, 사업하기에는 늦었다는 것이다."

사업은 주도하는 것이지, 따라 하는 것이 아니다. 개척할 의지 없는 사람은 망한다. 위대한 가치와 철학을 가지는 사람도 망하는 통에 무엇을 기대할 수 있겠는가?

다양한 유튜브 코칭을 한다. 제각각의 콘텐츠를 가지고 크리에이팅하기에 모두가 사용해야 하는 편집 프로그램, 장비들도 다르지만, 가장 큰 차이는 기획에서 온다. 기획에 감을 잡기 어려우며 "그래서 어떻게 시작하는 게 좋을까요?"라고 많이들 묻는다. 그럼 다음과 같은 과정을 거치라고 한다.

**1** 내가 크리에이팅하고자 하는 콘텐츠를 기획하고 있는 크리에이터를 찾는다.

**2** 내가 크리에이팅하고자 하는 콘텐츠와는 다르지만, 좋은 콘텐츠를 찾는다. 기획 과정이 어떤지 분석해본다.

**3** ① 항목에서 추려낸 크리에이터의 장점과 동기부여되는 부분을 뽑아낸다. ② 항목의 기획 과정을 분석하고 좋은 부분을 추려낸다.

**4** 내가 원하는 느낌을 살려서 조합해 크리에이팅한다.

그대로 따라 한다면 모방이다. 장점을 분석해 그것을 내 것으로 출력하면, 그것은 벤치마킹으로 성공한 크리에이팅이 된다. 예를 들면, 음식을 전문적으로 먹는 방송을 한다고 가정하자. 다양한 먹방 크리에이터를 참고한다. 그리고 자동차 스펙을 상세히 리뷰하는 크리에이터를 참고한다. 이 두 크리에이터의 방식을 조합해, 음식을 분석하며 먹는 방송을 하면 어떨까?

## 02 크리에이팅을 해야만 하는 이유

 **최자! 최효! – 최소 자원, 최고 효과**

왜 크리에이팅인가?

다음의 질문을 스스로에게 끊임없이 던져라!

- 내가 가진 자원을 어떻게 사용할 것인가?
- 내가 가진 인맥을 어떻게 동원할 것인가?
- 내가 가진 재능을 어떻게 활용할 것인가?

개개인에게 주어진 자원, 인맥, 재능을 활용해 가공 후, 결과물을

26          크리에이팅

생산해낸다. 우리 모두는 제품을 생산해내는 공장과도 같다. 각자의 능력으로 생산된 결과물은 사람들에게 부가가치를 부여받게 된다. 결과물에 따라 많은 부가가치, 혹은 적은 부가가치를 지니게 된다. 많고 적은 가치를 나누는 능력은 무엇일까?

가치를 결정하는 능력은 바로, 크리에이팅이다. 이 능력을 제대로 인식하고 사용한다면 더 많은 가치를 부여할 수 있다. 그렇기에 크리에이팅을 해야 한다. 이 능력을 인식한다는 것은 있는 것부터 써야 한다는 것이다.

## | Tip ▶ | 인맥을 활용하는 것은 부정한 것인가?

우리나라에는 3대 인연이 있다고 한다. 혈연, 지연, 학연을 일컫는데, 우스갯소리로 흡연주의도 껴달라고 한다(흡연은 건강에 해롭다).
이런 연고주의는 분명 바람직하지 않은 것으로 인식한다. 결론적으로 말하면 반은 맞다. 두 가지 예를 들겠다.

### A 사례
동네 작은 치킨 매장을 운영하던 양 씨는 치킨에 서비스로 느끼함을 달래줄 떡볶이를 함께 제공하려고 구상하고 있었다. 그러던 중, 동생이 떡볶이집을 운영하고 있기에 동생에게 조언을 구했고, 많은 것을 배울 수 있었다. 이후, 떡볶이 메뉴를 추가했다. 소비자의 반응은 좋았고, 성공적으로 수익을 올리게 되었다.

**B 사례**

대형 치킨 프랜차이즈를 운영하던 후씨는 치킨에 서비스로 느끼함을 달래줄 떡볶이를 타 업체와 함께 계약을 맺어 사업 확장을 노리고 있었다. 효과적인 검토를 위해 떡볶이 협력업체 선정 담당팀을 배치했고, 세 군데 업체를 후보로 두게 되었다. 누구나 합리적으로 따져도 1순위의 업체가 선정될 것으로 판단하고 준비하고 있었다.

그러나 예상 밖의 일이 벌어졌다. 순위에 들지 못한 업체가 선정된 것이다. 알고 봤더니, 후씨의 학교 후배 업체였다. 학교 후배가 후씨를 찾아가 부탁을 한 것이다. 합리적이지 못한 선택에 직원들이 반발했지만, 그대로 협력사를 선정해 사업 진행을 했다.

사업 진행은 시작되었고, 소비자들의 불만이 폭주하기 시작했다. 모든 것이 부실한 떡볶이 납품에 비롯된 일이었다. 그렇게 프랜차이즈 기업의 가치가 폭락하게 되었다.

A 사례 양씨의 인맥 활용이 합리적인 이유는 새로운 시장 조사 시간을 단축했다는 것이다. 그러나 B 사례의 후씨는 달랐다. 처음에는 합리적인 선택을 했다. 담당팀을 구성해 합리적인 선택을 노렸지만, 학연이라는 인맥이 발목을 잡게 된 것이다. 후씨는 양씨와는 다르게 큰 조직을 책임져야 하는 대표다. 그렇기에 더더욱 합리적이지 못한 선택을 해서는 안 되는 것이다. 조직의 크기에 따라 인맥이라는 자원의 속성이 바뀐 것일까? 사업체든 공공기관이든 조직이 커지면 커질수록 대표하는 사람이 인맥을 바라보는 시각은 더더욱 엄격해야 한다.

그러나 양씨와 후씨의 선택은 조직의 크기에서 나온 것이 아니다. 인맥 평가를 정확하게 하지 않았기 때문이다. 인맥을 무조건 활용하는 맹목적인 연고주의가 큰 문제인 것이다. 양씨가 동생의 떡볶이집 운영에 대해 평가를 하지 않았을까? 인맥이라도 그 사람의 성향을 알고 자신과 사업 방향성이 맞지 않으면 빼는 것 역시 인맥을 활용하는 것이다. 연고로 맺어진 인연으로 인맥 자원 평가의 편의성을 높이는 것이지, 조건 없는 활용을 하는 것은 안 된다.

무조건적으로 하는 연고주의가 문제다. 합리적 평가를 통해 이루어진다면 이야기는 달라진다. 서로의 발전을 통해 조직과 소비자의 행복을 가져올 수 있다면 바람직하다.

 **재탕에 재탕 탕! 탕! 탕!**

"탕! 탕! 탕!"

선생님이 목소리를 뻗어내기 위해 총을 쏘듯 탕! 탕! 탕! 이라고 소리치라고 했다. 입안에서만 맴돌아 뻗어나가지 못하던 소리는 강의실을 찢어놓듯 멀리 퍼져갔다. 스피치 강사로 훈련받던 중에 일어난 일이다.

그렇게 '탕탕탕'을 목소리가 나지 않을 때뿐만 아니라 의욕이 없을 때, 생각이 뻗어나지 않을 때도 쓴다. 그렇게 이 비법을 재탕에 재탕한다. 목소리 낼 때만이 아닌 다양한 방법으로 말이다.

나는 내 목소리가 원래 힘이 없는 것으로 생각했었다. 이 기름지고 살찐 울림 좋은 몸통을 놔두고 어이없는 생각에 빠졌었다. 좋은 소리가 나는 비법은 목에서만이 아니라 온몸을 울림통으로 생각해 멀리 있는 목표를 향해 뱉어야 한다.

많은 사람들이 자원이 없다고 한다. 하지만 생각을 조금만 달리하면, 가지고 있던 것만 잘 써도 많은 것을 할 수 있다. 그렇게 크리에이팅을 할 수 있다. 가지고 있는 모든 것을 활용하라. 타고난 크리에이팅 창업가는 자신의 어깨를 짓누른 빚마저 활용한다.

 **갬성팔이**

감성팔이라고 한다면, 논리적이지 못하고 감성적인 것으로 덮고 보자는 식의 말이 있다. 논리적으로 따지지 않고, 그냥 떠오르는 느낌을 표현한다면, 건강한 표현이라고 할 수 있을까?

있는 그대로 논리나 체계, 공식에 얽매이지 않고 많은 사람들이 뭔가 표현하기 어려움을 감성이라고 단정 지었다. 그러다 보니 다양한 방식도 감성이라는 표현 아래 여러 가지 콘텐츠가 크리에이팅되었다.

그렇게 '갬성'이라는 말이 탄생했고, 많은 사람이 인스타 갬성(인스타그램에서 감성(?)적인 콘텐츠를 업로드)을 즐기며 급격히 갬성팔이가 발전했다. 조금은 큰 느낌의 찜질방 반소매 티와 같은 심플한 양식의 옷차림, 짓다 만 다방에서의 여유, 서툴지만 그래도 도전하는 데 의의를 두는 악기 연주, 우리나라 같지 않은 잔잔한 색감이 들어간 국내 여행 사진 등 새로운 소비패턴이 발생했고, 새로운 콘텐츠에 우리는 또 다른 즐거움을 얻었다.

크리에이팅을 하고 싶은가? 공식, 테크트리 체계 같은 건 따지지 마라. 때로는 갬성이 필요하다.

 ## 노력만 한다고 이루어진다면 얼마나 좋을까

크리에이팅 코칭을 신청했던 간씨는 눈코 뜰 새 없이 바쁘게 움직이는 사람이었다. 그는 뛰어다니며 이것저것 가리는 것 없이 다해보았다. 책도 많이 읽었고 성공한 사람들의 강연도 열심히 들었다. 주위에서 한심하다는 소리도 들었다. 나름대로 산전수전 다 겪었다. 하루하루를 생산적으로 보낸 것 같아 잠자리에 누우면 무언가 해낸 것만 같았다. 천장 벽에 붙어 멀게만 느껴졌던 자신의 꿈과 더욱더 가까워지는 것 같았다.

그렇게 결과물은 만들어지고, 그 결과물을 많은 곳에 돌아다니며, 가까운 지인부터 심지어 적으로 여기던 사람까지 모든 사람의 피드백을 빠짐없이 받아냈다. 그러다 보니 대중적인 것과 대중적이지 않은 것이 뚜렷하게 보이기 시작했다. 더 확실한 것을 찾기 위해 더 많은 의견을 수용했고, 소수의 의견도 귀담아들었다.

그렇게 며칠, 몇 달이 흘렀다. 꽤 잘 만들었다고 생각한 결과물은 어느 순간부터 인정받지 못했다. 무언가 특별함이 없다는 것이다. 그렇게 고생해서 만든 결과물을 아무도 알아봐주지 않는다.
왜 주위에서 말렸는지 알겠다. 시간 낭비한 것을 이제야 깨달았다. 이제는 우울하고 지쳐서 더 이상 할 엄두가 나지 않는다.

이 사례는 자신이 생각한 콘텐츠가 특별하다고 생각해서 무턱대고 시작했다. 무엇부터 시작해야 하는지 모르지만, 일단 시작부터

한 것이다. 성공할 수 있을 것 같은 확신에 열심히 누구보다 분주하게 움직인다. 무엇이든지 가리지 않고 하는 태도는 좋다. 그러나 이런 방식은 제대로 된 결과물이 나오지 않는다. 많은 사람들의 의견을 수용하고 이리저리 돌아다니며 길에다가 시간을 버리다 그만둔다. 시간은 정말 귀한데 말이다.

"당신은 크리에이팅을 하지 않았습니다."

실패하는 이유는 크리에이팅하지 않았기 때문이다. 크리에이팅이라는 것은 자신의 아이디어를 제대로 인식하고, 아이디어로 통한 최종 기대효과를 포커스로 두는 것이다. 다시 말해, 크리에이팅으로 빠른 결과에 집중하는 것이다.

크리에이팅을 한다면 필요 없는 과정을 생략하고 결과에만 집중하게 된다. 총을 쏘는 사냥꾼은 원하는 목표물을 포착하면 가늠자에 눈을 맞춘다. 주위에 예쁜 꽃이 좋은 향기를 내든 아름다운 자태를 뽐내든 관심이 없다. 오로지 목표물에만 집중할 뿐이다. 예쁜 꽃을 감상하는 여유는 목표물을 성취한 이후에 해도 상관없는 것이다.

크리에이팅으로 자신의 목표물, 즉 결과로 포커스를 맞추면 시야가 좁혀진다. 그렇게 좁혀진 시야로 결과물에 집중하는 것이다. 한눈팔지 말자. 포커스를 맞추자.

##  크리에이팅의 고통, 소재 고갈

크리에이팅을 하는 사람에게 비슷한 질문을 받는다. 한 단어로 정리하면 이렇다.

"소재 고갈"

크리에이터는 작은 것에도 관심을 가져야 한다. 어제 점심때 간 라면집의 특이한 반찬, 오늘 아침 출근길에서 보았던 특이한 튜닝을 한 차, 마트에서 커피를 사면 공짜로 주는 텀블러 등등. 가는 곳마다 생각을 조금만 달리하면 새롭게 보인다. 이런 시야로 소재화하는 것이다.

## 그래서 포커스를 어쩌란 말인가?

많은 소재는 풍부한 크리에이팅에 필수적이다. 풍부한 소재에 포커스를 어떻게 두느냐 따라 크리에이팅 유형이 달라진다.

다음은 네 가지 유형이다. 소재는 음식 재료로, 포커스는 메뉴로 설정된 치킨 매장을 예로 들었다.

| 소재 | 적은 포커스 | 많은 포커스 |
|---|---|---|
| 적은 소재 | 1) 적은 소재, 적은 포커스 | 3) 적은 소재, 많은 포커스 |
| 많은 소재 | 2) 많은 소재, 적은 포커스 | 4) 많은 소재, 많은 포커스 |

### 1) 적은 소재, 적은 포커스

다양한 소스는 없다. 후라이드로만 판매한다. 초반에는 성장세였으나 양념치킨, 간장치킨 등 다양한 고객층을 수용할 수 없다.

초보 수준의 크리에이팅이다. 적은 소재지만 포커스가 적어 단기간의 성장은 기대할 수 있다. 그러나 소재가 금방 고갈되기 때문에 다양한 소재를 수집하는 노력이 필요하다.

### 2) 많은 소재, 적은 포커스

다양한 소스의 양념치킨, 간장치킨, 후라이드치킨 등등 다양한 치킨으로 판매한다.

훌륭한 크리에이팅을 기대할 수 있다. 많은 소재에 적은 포커스로 꾸준히 크리에이팅하면 된다. 탄탄한 성장을 기반으로 해서 포커스를 늘려가면 된다.

### 3) 적은 소재, 많은 포커스

다양한 치킨 종류도 구성하지 못한 채, 돈까스와 각종 튀김을 추가했다. 치킨 매장인지 분식집인지 분간이 가지 않는다.

적은 소재에 많은 포커스를 둔다면 굉장히 산만하다. 처음에는 적은 소재로 많은 포커스를 줄 수 있어 창의적이라고 생각할 수 있지만, 착각이다. 우선 포커스부터 줄이고 적은 소재를 보강한다.

### 4) 많은 소재, 많은 포커스

다양한 종류의 치킨에 여러 가지 사이드 메뉴가 곁들어져 있다. 치킨으로 파생된 치킨 정식, 치킨 버거, 치킨 도시락까지 확장했다. 고객들은 저녁이나 야식 시간에만 찾는 것이 아니라 점심 시간에도 찾는다. 가게 주인은 축적된 튀김 기술을 이용해 브랜드명을 딴 새로운 분식점을 만들어나갈 예정이다.

탄탄하게 성장된 크리에이터만 할 수 있다. 축적된 노하우가 있기에 포커스를 넓혀도 크게 지장이 없다. 그리고 성장된 크리에이터이기에 포커스 조절 능력은 이미 갖춰져 있어 무리한 크리에이팅도 하지 않는다.

따라서 성장 순서는,

적은 소재, 많은 포커스 → 적은 소재, 적은 포커스 → 많은 소재, 적은 포커스 →
많은 소재, 많은 포커스

포커스를 줄이고 소재를 늘려서 차근차근 성장 후, 포커스의 크기를 늘려 완성해나가는 것이다.

 ## 크리에이팅, 개인을 기업으로

유명한 기업가들의 책을 보면 과정의 중요성을 수도 없이 예를 든다. 그러나 사실 그들만큼 결과 지향적인 사람들은 없다. 그들은 결과적으로 성공했기에 아름다운 노력들로 완성도 높은 효과적인 책들을 써내는 것이다.

여기에 속는 사람은 효율적이지 못한 과정에만 집착하는 것이다. 아름다운 과정에 관한 얘기는 성공한 사람들의 특권과도 같다. 여러분도 성공한 사람의 아름다운 과정 이야기를 듣지, 성공하지 않은 사람의 과정 이야기는 더 아름다워도 관심이 없지 않은가? 언제까지 관심이 없고 아름다운 과정은 내 것이 아니라고 말할 텐가?

기업가적인 마인드로 결과를 바라보고 크리에이팅하라. 크리에이팅으로 성공 신화를 나중에 써내라. 개인에서 기업으로 마인드부터 탈바꿈하라. 탈바꿈하는 순간, 당신의 크리에이팅이 시작된다. 당신을 크리에이팅으로 걸어다니는 기업이라고 생각하고 시작하라!

크리에이팅하려고 하는데, 막상 콘텐츠가 떠오르지 않는다. 스스로도 무엇을 좋아하고 콘텐츠 선정부터 어려워하는 경우도 많다. 다음 질문들에 최소 다섯 가지 이상 적어보자.

1. 내가 좋아하는 사람



2. 내가 좋아하는 음식



3. 내가 좋아하는 장소



4. 내가 좋아하는 브랜드



5. 내가 좋아하는 여러 가지

# 창업은
# 이제 안 된다

 **취업의 마인드, 창업의 마인드**

취업하느냐, 창업하느냐에 따라서 사업을 바라보는 시각이 달라진다. 취업자의 시선은 안정적으로 월급을 벌어 편안한 삶을 생각하고, 창업자의 마인드는 불안정한 수익일 수 있지만, 많은 수익을 끌어와 편안한 삶을 생각한다.

누가 잘못되었다는 것은 아니다. 취업자의 마인드는 회사에 자신의 역할을 해내어 정당한 월급과 복지를 받아내야 한다. 월급과 복지가 원하는 만큼 주어지지 않는 경우, 필요 이상의 업무를 주는 경우, 상사 또는 사장의 부당한 대우를 하는 경우 등에 대해서는 정확한 의사 표현을 해야 한다. 또한, 미래를 꿈꿀 수 없으면 퇴사해 다른 곳에 취업하자는 것이 취업자의 마인드다.

창업의 마인드는 어떨까? 취업자의 마인드와는 다르다. 사업이 커지기까지는 수익과 자신의 시간은 미룰 수 있으며, 성공했을 때 많은 보상을 얻어야 한다. 충분한 시간이 지났음에도 수익이 발생하지 않거나, 시간이 계속 낭비된다면 창업을 빨리 접어야 하며, 새로운 창업으로 시작하거나 취업해야 한다.

문제는 취업자의 마인드와 창업자의 마인드가 뒤섞여버리는 데에서 발생한다. 창업자가 당장 수익이나 혜택을 생각해 작은 숫자만 생각한다면 성공할 수 있을까? 또한, 취업자가 수익이 날 때까지 마냥 기다리며 열정페이로 일한다면 그것은 과연 옳은 것일까?

창업가라면 당장의 수익을 기대하는 것이 아니라 먼 미래를 봐야 한다. 초기에는 최소 유지 가능한 수익, 중후기에는 수익 창출을 계획해야 한다는 것이다. 그렇다면 최소 유지를 위해서는 투자가 필요하다.

 **투자받기 더러운 세상**

"이 상품을 제작해서 팔기만 하면 수익은 100%, 아니 200% 보장합니다. 믿어주십시오!"

어떤 투자를 할 때는 수익을 바로 확인 가능한지를 가장 먼저 생각한다. 투자했을 때 과연 얼마나 빨리 수익을 확인할 수 있는지 말이다.

이 단계를 넘어서기란 쉽진 않다. 이 단계를 넘어선다면 수익은 얼마나 빨리에서 얼마나 많이로 바뀐다. 그렇다면 절반은 성공한 것이나 다름없다.

그러나 투자자들은 상품 제작 자체를 들으려 하지 않는다. 투자자는 자신만의 생각이 있다. 이 고집불통의 투자자는 창업자의 입장에서 보면 답답함으로 안달이 나지만, 그 생각을 열기란 굉장히 어렵다. 그렇기에 투자자의 마음을 잘 헤아려야 한다. 투자자들의 생각과 가치관을 존중해주어야 한다. 투자자들의 생각과 사업가의 생각 접점을 세심히 맞춰나가야 한다. 그 접점을 맞추어내는 것도 많은 교류와 분석이 필요하다.

크리에이팅

다시 말해, 많은 시간과 정성이 들어가야 한다. 그렇게 시작한 사업은 이미 많은 힘을 소진했다.

여기서 말하는 투자자는 돈을 주는 투자자가 아니다. 자기 생각을 공유해줄 수 있는 가족, 친구, 동료들이다. 돈보다 중요한 것은 마음의 투자를 받는 것이다. 그렇게 마음 투자, 더 나아가서 돈을 투자해주는 투자자의 마음마저 얻었다. 그러나 사업은 성공적으로 창업해낼 수 있을까? 이미 많은 힘을 소진했는데도 말이다.

본인에게 집중하라. 그리고 투자를 받기 너무 힘들다면, 받지 마라. 더러워서 안 받는다고 외치고 적은 투자로 크리에이팅할 수 있는 것을 찾아보자.

 **스마트한 실패**

'실패는 성공의 어머니.'
'실패는 성공으로 가는 가장 빠른 길.'
'실패는 성공의 한 과정이다.'

실패한 사람이 많고 성공한 사람이 적은 이유는 딱 한 가지 차이다. 실패할 수밖에는 없지만, 사업의 성공 여부는 '실패를 극복하느냐'가 아니라 '극복할 수 있는 실패를 했는가'이다.

창업 시장은 절대 쉽지 않다. 힘들게 시작한 창업 속에 감당하기 어려운 실패 요소가 많이 혼재되어 있다.

극복할 수 없는 실패가 가득한 창업 시장에 뛰어들어야 하는 것이 아니라, 극복할 수 있는 실패가 가득한 시장을 개척해나가야 한다. 실패도 똑똑하게 해야 한다. 극복할 수 있는 실패, 감당할 수 있는 실패, 실패라는 말보다 경험이라는 단어로 바꿀 수 있을 만큼 실패해야 한다.

항상 실패를 각오하라. 그리고 실패를 받아들이고, 그 실패로 다음은 성공일지, 실패일지 설레는 마음으로 전진하라. 실패해도 다음은 성공할 수 있다. 어쨌든 확률은 2분의 1이지 않은가?

 **어중간함보다 확실함**

학창 시절에 여러 가지 그룹이 나뉜다. 공부를 매우 잘하는 그룹, 공부도 운동도 잘하는 그룹, 공부는 못하지만, 소위 논다는 그룹, 좀 못된 그룹이 있다. 이 그룹별로 사는 학생들은 다들 어떻게 살아갈까? 이에 관한 콘텐츠를 본 적이 있다. 결과는 놀라웠다.

- **공부를 매우 잘하는 그룹** - 잘산다. 보통 전문직으로 잘산다.
- **공부도 운동도 잘하는 그룹** - 잘산다. 안정적인 직장 또는 공무원 등으로 다양하게 꽤 만족스러운 직업을 가지고 산다.
- **공부는 못하지만 소위 논다는 그룹** - 사업을 통해 즐겁게 산다. 직장을 가져도 즐거운 취미로 재미있게 산다. 놀 줄 아니까.
- **좀 못된 그룹** - 놀랍게도, 나쁜 짓으로 꽤 잘사는 사람이 드문드문 있다. 그리고 정신 차려서 나쁜 짓에 쓰던 에너지로 열심히 사는 사람도 드물게 있다. 밉지만 잘산다.

여기서 빠진 그룹이 있다. 공부도, 운동도, 노는 것도 모든 것이 어중간한 그룹이다. 어중간하다는 이유로 관심조차 못 받고 있다. 그러나 그들이 못사는 것은 아니다. 학창 시절 이후에 많은 사람들이 어중간함을 버리고, 다양한 곳에서 자신만의 삶을 찾아 살아간다. 어중간함을 버리고 자신의 생각에 맞게, 또는 꿈에 맞춰 살아간다. 그 그룹에 있던 많은 사람들은 중간의 삶으로 들어가 사회의 중간 기둥을 지탱하는 역할을 한다. 어중간함과 중간은 다르다. 어중간해지지 말자! 무엇이든지 확실해져야 한다. 어중간해서는 아무것도 못 하게 된다. 이도 저도 아닌 것은 하지 마라. 선택해야 한다. 확실함은 곧 성공이다.

 **'어중간한 사람'**

어중간한 사람이 사회에 넘쳐나게 된다면, 망한다. 어중간한 사람은 노숙자, 부랑자, 그리고 백수다. 어중간하다는 말은 제대로 할 줄 아는 것이 별로 없어 쓸모가 없다는 뜻을 지녔다.

그러나 모든 사람의 처음은 어중간이다. 학생 때 정말 기질이 독특하다는 사람도 역시 어중간함을 거쳤다. 처음부터 꿈을 가지거나 뭔가 특별한 능력이 있다는 것은 시기가 빨랐을 뿐이다. 공부를 잘하는 것, 잘노는 것도 시기가 빨랐다는 것일 뿐이지, 누구보다 훌륭하다는 것은 아니다.

학생 때의 어중간함을 탈피하고 싶지만, 그렇지 못하는 상황들이 많이 생긴다. 자기계발하라고 채찍질하라는 이 글들이 괜히 미안해진다. 어중간함을 탈피하고자 하는 사람들이 얼마나 노력하는지 잘 안다.

그러나 걱정하지 마라. 누구나 다 어중간한 구석을 가지고 있다. 어중간함에서 벗어나지 못하는 사회가 문제다. 어중간한 사람들이여, 노력을 너무 많이 했다. 이제는 노력만 하지 말고, 목소리를 내자. 목소리를 내면서 노력해보자. 어중간함에서 성공적인 중간, 즐거운 삶으로 넘어가는 시기가 올 것이다. 잠재적으로 사회의 기둥이 되어줄 어중간한 사람들은 모두 소중한 사람이다. 소중한 사람의 귀 기울여줄 사람, 다시 말해 희망은 분명 있다.

운이 좋게 시기가 잘 맞아 능력 발휘를 잘해 성공했다면, 베풀어라! 어

크리에이팅

중간한 사람들이 어중간함을 탈피할 수 있도록. 운 좋았던 사람들도 그리고 그 자식들도, 언제든지 다시 어중간해질 수 있다.

중간이 탄탄하고, 행복하게, 그리고 성공하고 싶어 노력하는 사람은 성공할 수 있는 사회, 어중간한 사람들이 중간으로 갈 수 있는 중간이 넘치는 사회가 되어야 한다. 어중간한 사람은 결국, 잠재력을 가진 사람이다. 잠재력을 펼칠 수 있는 세상이 제대로 된 세상이다.

# 창업보다는 크리에이팅

**04**

##  창업과 크리에이팅

창업과 크리에이팅은 매우 비슷한 말이다. 그럼에도 불구하고 창업이 아닌 크리에이팅을 선택하라는 것은 창업보다 혁신적인 생각으로 창조해내야 한다는 것을 강조하고 싶어서다.

창업을 한다고 하면 보통 치킨 매장을 인수해 경영하는 것을 많이 떠올리곤 한다. 치킨 매장뿐 아니라 카페를 운영한다든지, 편의점 가맹 계약 역시 마찬가지다. 그러한 사업들은 창의적인 생각으로 시작이 되는지 점검해보아야 한다.

창업의 관점으로 생각한다면 분명 창조적인 부분, 기존의 사업

부분을 생각해 진행하게 된다. 그러다 보면 현실적인 문제를 많이 고려하게 되는데, 창의적인 부분이 과도하게 잘려나가게 된다.

그렇게 시작한 창업은 성공은 할 수 있다. 그러나 폭발적인 성공 확률은 낮다. 크리에이팅의 관점으로 간다면 기존의 사업 부분은 낮춘 상태에서 시작하게 된다. 그러다 보니 창조적인 생각으로 비율을 높게 맞춰가고, 생각지도 못한 다양한 기존 사업 간의 연관 관계를 떠올리게 되는 것이다.

기존의 사업에 집착하는 것이 아니라 시대의 흐름에 따라 새로운 것을 누구보다 더 빨리 추구해야 한다는 것이다. 창업이 아니라 크리에이팅을 해야만 더 높은 확률로 성공을 가져올 수 있다.

 **프레임 벗어 던지기**

"휴대용 전화기는 전화만 잘 되면 된다."

스마트폰의 본격적인 등장을 알리는 아이폰 출시는 세상의 큰 주목을 이끌었다. 아이폰을 아주 멋진 프레젠테이션으로 선보인 스티브 잡스는 혁신의 아이콘으로 기억된다.

그렇다면 아이폰은 소비자들의 필요로 만들어졌을까? 스마트폰 등장 전의 휴대전화는 전화와 문자메시지, 그리고 전화번호 저장만 잘 되면 그만이었다. 그러나 지금은 어떤가? 우리는 스마트폰으로 많은 것을 해낼 수 있게 되었다.

물론 휴대전화에 다기능이 있으면 좋겠다는 것은 누구나 할 수 있었던 생각이었다. 그럼에도 불구하고 현실성 없이 그저 먼 미래에나 가능할 법한 상상이라고만 생각한다. 그 상상을 현실화하는 것이 혁신을 가지고 오는 것이고, 우리는 그것을 크리에이팅이라고 한다. 그렇게 시작된 크리에이팅으로 새로운 스마트폰 시장이 열리게 되고, 스티브 잡스는 그 시장의 주도권을 쥐고 흔들었다.

일반적으로 어디까지나 휴대전화는 통화만 잘 되면 되고, 기존의 제조사 역시 본 기능에만 집중했다. 그런데 지금은 어떤가? 이제는 스마트폰 시장이 열린 이후, 다양한 애플리케이션을 활용해 구매 전 전화 성능을 보는 것이 아니라 얼마나 많고, 좋은 기능들을 가졌는지 확인한다.

크리에이팅으로 시장의 변화에 적응하지 못해 그저 전화가 더 잘 되는 휴대전화를 생산 목표로 창업했다면 어떻게 되었을까? 망했을까? 대다수는 망하겠지만, 망하지 않는 제조사도 생겨난다.

창업으로 시작했지만, 살아남기 위해 크리에이팅을 하는 것이다. 바로 기본 기능에 충실한 효도폰의 등장이다.

##  세상은 내 생각보다 빠르게 변화한다

고향에 가게 되었다. 초등학생 시절을 보낸 아파트를 지나가게 되었는데, 어린 시절 지나가던 길이 생각났다. 구불구불한 정겨운 시골길과 커다란 느티나무 아래의 큰 돌을 떠올리며 차를 움직였다. 그 길을 들어서는 순간, 나는 좌절감을 느꼈다.

구불구불한 시골길은 온데간데없고, 아주 멋진 아스팔트 도로가 들어서 있었다. 한가운데에는 원형으로 만들어진 근사한 교차로가 놓여 있었다. 그곳은 더 편리한 교통을 위해 변화한 것이다.

10년이라는 시간 동안 주위에 새로운 아파트가 들어서고 인구가 늘어감에 따라 도로가 재정비된 것이었다. 그 추억의 장소는 이제 영영 못 가게 된 것 같아 슬펐다. 내가 자라왔던 공간들이 너무도 많이 변해 있었다. 10년이라서 그렇게 많이 변화했을까?

이제는 세상의 변화 속도가 빨라 해마다 다르다. 아니, 해마다가 아니라 매 순간 변화한다. 이 순간순간의 변화를 제대로 포착해내지 못하면 과거에서 헤어나지 못하는 소위 '꼰대'가 되는 것이다.

##  젊은 꼰대

꼰대에게는 육하원칙이 있다.

**누가** : 내가 누구인지 알아?

**언제** : 야, 라떼는 말이야

**어디서** : 어디서 감히 나서?

**무엇을** : 무엇을 안다고 그렇게 나서냐?

**어떻게** : 내가 그걸 어떻게 하냐?

**왜** : 내가 그걸 왜 알아야 하는 거니?

보통 꼰대라고 하면 소통이 어렵고 구시대의 사고방식을 지나치게 집착하는 사람들을 일컫는다.

예를 들면, 이미 교육 방식이 변했음에도 불구하고 지난 교육 자료의 불필요한 암기를 강요하는 교사, 새로운 업무 매뉴얼의 적응 시도조차 하지 않으려는 회사 상사, 훈계를 한다며 인격 모독도 스스럼없이 하는 어르신 등이 있다.

그러나 꼭 나이가 많은 사람에게만 꼰대가 있는 것은 아니다. 젊고 새로운 사고방식이 익숙함에도 불구하고 위와 같은 꼰대의 단골 말투를 퍼붓는 사람들도 많다. 예를 들면 대학 선배, 직장 직속 선배, 한두 해 차이도 나지 않는 주변 사람들이 있다. 그러나 이들만 그런 것이 아니다. 초등학생도 유치원생도 그렇다.

그렇다면 본인은 안전할까? 사실 나 역시도 가끔 꼰대가 된다. 매일매일 꼰대가 되지 않게, 구시대적 발상에 갇혀 있지 않게 꾸준히 노력해야 한다. 그러기 위해선 매 순간 관점을 달리하고 크리에이팅해야만 한다.

 **당하는 입장으로**

누군가에게 선물을 받는다는 것은 정말 좋은 일이다. 그런데 원치 않는 선물, 싫어하는 것을 선물로 받았다면, 이야기는 달라진다. 과일 선물을 받았는데 과일 알레르기가 있다면, 마음을 받는 데서 의미가 있을진 몰라도 어떻게 처리해야 할지 고민거리가 된다. 애

물단지가 되는 것이다.

똑같은 선물임에도 누군가에게는 정말 꼭 필요한 선물이 되고, 누군가에게는 필요 없이 처리해야 하는 쓰레기가 된다.

친구가 나에게 쓰레기를 준다면 어떨까? 받는 나는 기분이 좋지 않을 것이다. 그러나 문제는 나는 쓰레기로 인식했지만, 주는 친구가 그렇게 생각하지 않았을 때 발생한다.

사람 마음을 헤아리는 것은 정말 어렵다. 친구가 선물이라고 주는 것이 나에겐 불편한 쓰레기가 될 수 있다. 판매자와 소비자의 마음도 역시 그렇다. 판매하기 전에 소비자 마음을 확인하라는 것이 아니다. 내가 받아도 좋은 선물이라고 느껴질 때, 파는 것이다.

# 격렬히 나를 지지하고
# 열렬히 나를 알려야 한다

 **물건도 알려야 팔린다**

내 물건, 내가 알려야 잘 팔린다. 많은 사람들이 알리는 것 자체를 힘들고 어려운 일이라고 생각한다. '힘들게 만든 물건을 고객이 좋아할까?'라는 고민을 한다. 그렇게 시작된 고민은 스스로 다시 물건을 조정하거나, 그렇지 않으면 포기한다. 물론 다시 물건을 조정한다면 결국 혼자서 분석하게 되기 때문에 트렌드에 뒤처지게 된다. 그냥 물건을 우선 팔다 보면 물건에 대한 비판들로 재조정할 좋은 기회가 생길 수 있는데도 말이다. 그렇기에 물건을 잘 파는 사업가는 죽이 되든 밥이 되든 우선 부딪히고 본다. 그렇게 세상과 부딪힘으로써 배우고 경험하며, 자연스럽게 트렌드를 알 수 있다.

사람도 그렇다. 스스로의 품격을 올리기 위해서는 끊임없이 부딪혀야 한다. 처음부터 완성된 사람은 없다. 세상이 과연 나를 알아줄까 하는 고민만 하다 보면 앞서 말한 것처럼 스스로를 돌아만 보다가 포기하게 된다.

돌아보는 것은 좋다. 그러나 돌아만 보다가 세상에 내놓지 못하게 된다. 세상에 나와야 소통이 가능해진다. 소통 없이 돌아보는 것, 즉 폐쇄된 자기계발은 세상 속에 고립되어 트렌드에 뒤처지는 사람이 된다.

물건을 알리듯이 누구보다 먼저 자신이 스스로 꾸준히 알려야 한다. 알리는 방법이 뭐든 실행해보는 것이다. 유튜버가 되겠다면서 유튜브 영상 편집 강의를 듣고, 스피치 코칭을 받고, 기획에 대한 정보 조사도 많이 한다면, 어느 세월에 유튜버가 되겠는가?

그냥 찍어서 올려보고 즉시 피드백하는 것이다. 어렵겠지만, 부딪히면서 세상에 나를 알리는 것이다. 쉽고 작은 것부터 해라.

**[업로드 버튼]**

유튜브 플랫폼에 영상을 그냥 아무거나 한번 올려보자. 조회 수

크리에이팅

도 기다려보고 막연하게 우선 올려보는 것이다. 유튜브에 올리는 것은 별로 어렵지 않다. 그냥 올려보자.

## | Tip ▶ | 다양한 곳에 내 것 알리기

구독자가 많은 유튜브 크리에이터의 채널을 들어가 보면 페이스북, 인스타, 아프리카 티비, 블로그 표시가 되어 있다. 유튜브라는 플랫폼에서만 활동하는 것이 아니라 다른 플랫폼에도 스스로를 열심히 알린다. 많은 사람이 유튜브를 보며 즐기지만, 모든 사람이 즐기지는 않는다. 또, 유튜브와 페이스북 등 다른 것을 동시에 즐기는 사람들도 많다.

인스타그램을 보다가 유튜브 링크가 달려 있다면 클릭해보게 되고, 팬이라면 구독까지 하게 된다. 다양한 플랫폼으로 자신의 채널이 순식간에 커지는 것이다.

음식점을 운영하는 사람이라면 음식점을 홍보할 수 있는 유튜브, 인스타그램 등 다양한 플랫폼으로 크리에이팅하면 어떤 일이 일어날까? 가게는 100명 정도만 와도 하루 매출이 성공적이라고 할 수 있다. 그러나 유튜브를 비롯한 다른 플랫폼을 통해서 가게로 유입이 된다면? 더 빠른 성장을 기대할 수 있다.

먼저 어떤 플랫폼을 활용해볼지 우선순위를 정해보자.

1.

2.

3.

**잠재력은 작은 것부터**

디자인을 전공하는 청년이 있었다. 공모전 왕이 되겠다고 각종 공모전에 뛰어들었다. 국가에서 하는 공모전, 대기업에서 하는 공모전 등 규모가 큰 공모전은 다 참가했다. 그러나 어느 하나 성과가 없었다. 그러다 지방의 규모가 작은 공모전에도 참가했으나, 거기에서도 좋은 성적을 내지 못했다. 오히려 자신보다 못나 보이는 아마추어가 입상하는 것을 지켜봐야만 했다.

이 청년은 다음 공모전에 도전할 의지가 생겨날까?

'학습된 무력감'이라는 심리 용어가 있다. 계속된 실패로 의욕이 상실된 상태를 일컫는 말이다. 한 번만 더하면 성공할 것 같은 그런 희망마저도 없는 상태다.

앞서 언급한 청년은 단지 디자인에 대해서 감각이 없을 수도 있다. 문제는 그 무력감 때문에 방향 전환마저도 못 하게 되는 것이다. 이런 경우에는 자신이 소질이 없음을 깨닫고 잘할 수 있는 것부터 찾아내는 것이 중요하다. 무력감으로 가득 차 있다면 설사 재능이 있다고 해도 자신의 능력을 끌어올리지 못한다.

이 청년뿐만이 아니다. 생각보다 많은 사람들이 무력한 기분 속

크리에이팅

에 살아간다. 학생 때는 입시 실패, 취업 준비생은 취업 실패, 솔로는 연애 실패로 말이다. 또 직장 생활에서도, 가정에서도 크고 작음 상관없이 무수한 실패를 겪게 된다. 그들에게 꿈이 무엇이냐고 물으면 '그냥 그저 그런', '가망이 없어', '꿈도 나에겐 사치야'라는 말들을 한다. 삶의 무게와 고통이 잠재력을 누르는 요인이 된다.

안 된다면 방향 전환을 해보자. 방향 전환이 되지 않는다면, 가장 쉬운 것부터 찾아보자. 예를 들어, 아침에 일어나 이부자리 정리부터 해보자. 다음은 책상 정리를 해보자. 미루어두었던 통장 정리도 해보고, 통장에 잔액이 적다면 큰 목표치가 아닌 소박한 목표치를 떠올려 메모해보자. 삶의 작은 것부터 차츰 성취해 큰 성취를 이끌어나가는 것이다.

작은 성취의 연속은 과거에 부담스럽던 큰 성취도 작게 보이게 하는 가장 좋은 방법이다. 작은 성취로 크리에이팅하라. 그렇게 이루는 성취로 자신의 잠재력을 한껏 올려보자! 당신의 잠재력은 가장 쉬운 것에서 나온다.

그냥 올리는 것으로는 당연히 조회 수가 오르진 않을 것이다. 그러나 꾸준히 올리는 습관만 몸에 익혔다면, 절반은 성공한 것이다. 그 습관을 유지하며 스스로를 칭찬하라. 업로드의 습관화로 업로드 자체에 들어가는 에너지가 작아진다면 작은 것부터 추가해보자. 그러면 조회 수를 떠나 새로운 시도를 하는 자신을 발견할 수 있을 것이다. 조회 수보다는 성취를 즐기자. 성취를 즐겨서 하나하나 이루어간다면, 자연스럽게 조회 수는 올라갈 것이다.

| Tip ▶ | 작은 것부터 시작하기 그리고 칭찬하기

**예)** 아침에 물 마시기, 화장실 다녀오기, 이불 정리하기, 거울 보며 그냥 웃어보기, 기지개 켜기, 주먹 쥐고 속으로 파이팅 외치기, 출근길 파란불 보며 웃기, 기분 좋게 문을 활짝 열어보기, 이왕 하는 군것질 기분 좋게 하기, 감사하며 점심 먹기, 퇴근길에 스스로에게 수고했다고 하기, 엘리베이터 대신 계단으로 가기, TV 보며 빨래 개기, 다음 날 입을 옷 미리 챙겨보기, 누워서 유튜브 안 보고 바로 자기

1.

2.

3.

 **못난 나를 속여라**

남들과는 다른 특별한 무언가를 한다고 했을 때, 주위의 반응은 어떨까? 크리에이팅을 한다면 말이다. 긍정적인 표현을 하는 사람은 몇 안 될 것이다. 대다수가 부정적인 반응을 보일 것이다. 이미 돈 되는 사업은 누군가가 다하고 있을 것이며, 세상은 변화를 많이 했기에 더 이상 끼어들 자리가 없을 것이라고 할 것이다. 그때, 못난 나를 다시 발견하게 될 것이다.

그러나 긍정적인 표현을 하는 사람 딱 한 명만 있어도 못난 나를 벗어날 수 있다. 바로 나 자신이다. 때로는 거짓말처럼 속여야 할 때가 있다. 가족? 동료? 아니, 나 자신이다. 잘 안될 것 같고, 불안하지만 모든 게 잘될 것이라고 속여야 한다. 계속 속이다 보면 그것은 현실이 되고 실현된다. 자수성가한 사람들 모두가 그렇게 성공했다. 나 자신을 믿지 못하겠다면, 스스로를 속여라! 스스로를 속여서 누구보다도 열렬히 자신을 응원해라.

**스스로를 속인다는 것**

많은 경영자들도 스스로 자신을 속인다. 그 속임수를 이미지 트레이닝 이라고도 한다. 머릿속에 이미지를 그려 훈련해 현실화하는 것이다. 자신의 능력으로 세상에 큰 발전을 이루는 위대한 사람, 부자가 되어 가난한 사람들에게 베풀 용기가 있는 사람, 힘들게 키워주신 부모님에게 성공으로 보답하고자 하는 사람과 같이, 큰 꿈부터 작은 꿈에 이르기까지, 꿈의 마지막은 사람에게 향해 있어야 한다.

오로지 자신에게만 향해 있다면 성공은 할 수 있어도, 끝이 좋지 못하다. 자신 밖에 볼 줄 모르는 사람은 자기 자신만 귀한 줄 알기 때문이다. 그러한 태도는 거만함으로 나타난다. 대표적으로, 땅콩회항 사건이 그런 예로 볼 수 있다. 자신에 대한 가치를 높게 평가한 나머지, 다른 사람에게 무례함을 주는 경우가 생기는 것이다. 잊지 말자. 스스로를 속이되, 거만해지지 말자. 꿈의 끝은 사람이다!

크리에이팅

## ! 나는 특별한 존재다

A: 어떤 꿈을 꾸고 있습니까?
B: 전 특별한 꿈을 꾸고 있어요.

A: 특별한 꿈을 꾸기 위해 무엇을 해야 하나요?
B: 특별한 일을 하면 되지 않을까요?

A: 그럼 당신은 어떤 일을 하고 있나요?
B: 평범한 일을 하고 있답니다.

A: 그렇다면, 특별한 일을 하는 사람은 어떤 사람일까요?
B: 특별한 사람이겠지요.

A: 그렇다면 특별한 사람이 평범한 일을 하면 어떻게 될까요?
B: 평범한 일도 특별해지겠지요? 아, 그럼 꿈도 특별해지겠네요.

이 세상에 나 자신은 단 한 사람뿐이다. 그래서 특별하다.

# PART 02

# 내 안에 잠든 창조자를 깨워라 비전과 목표 수립

01  내 안의 크리에이터 'I'
02 내 안의 크리에이터는 긍정적이다
03 실패한 창업가, 성공한 크리에이터
04 크리에이터를 이해시켜라
05 크리에이터를 설득하라

## 01 내 안의 크리에이터 'I'

 **나라는 존재**

혁신의 아이콘이라고 하면 스티브 잡스를 떠올린다. 스티브 잡스를 다룬 이야기, 스티브 잡스의 프레젠테이션 기술, 스티브 잡스를 분석해놓은 자기계발서, 스티브 잡스가 즐겨 보았던 철학 서적 등. 이 모든 것을 읽는다면 스티브 잡스가 될 수 있을까?

우리는 유명한 사람의 책을 읽고 그 유명한 사람의 습관과 생각을 읽어내면, 따라 할 수 있을 것이라 쉽게 낙관한다. 그럼 그들과 어깨를 나란히 할 수 있을 것이며, 도달하지 못했다 하더라도 많은 것을 얻을 것이라 기대한다.

물론 배우는 것이 있을 수 있다. 그러나 스티브 잡스가 되지는 못한다. 자라온 배경, 가치관이 형성되는 과정이 다르기 때문이다. 어설픈 스티브 잡스가 될지언정 스티브 잡스가 될 순 없다. 많은 것을 배울 순 있지만, 모든 것을 똑같이 적용할 수는 없다. 그렇기에 다양한 정보를 접할 용기가 있어야 한다. 부자에서 시작해 성공한 사람, 가난한 환경에서 자수성가한 사람, 결국 실패로 끝나버린 사람, 심지어 원수에게도 배워야 한다. 그렇게 배움의 자세로 나 자신을 풍요롭게 활기가 넘치는 존재로 만들어가야 한다.

나다움이라는 밋밋한 기둥이 있는 공간에 페인트칠하고, 멋진 장식품, 식물들을 가꾸어 그 기둥이 비로소 소중한 존재가 되게끔 노력하라는 것이다. 기둥을 바꿀 수는 없다. 나다움도 바꿀 수가 없다. 나다움에 대한 정확한 분석도 있어야 한다.

 **세상 밖으로 외쳐라**

나다움을 찾기 위해서는 세상 밖으로 뛰쳐나가야 한다. 가까이든 멀리든 다양한 사람을 만나 나 자신이 보는 나와 세상이 보는 나의 접점을 찾아야 한다. 그러기 위해선 꾸준히 세상 밖으로 나가 자신을 외쳐야 한다.

스스로의 모습과 세상 속의 나의 접점을 찾았다면 풍요롭게 가꾸어서 정비하라. 그리고 다시 세상 밖으로 나가 자신을 다시 외쳐라.

 **나의 가슴속의 무언가가 있다면**

녹음된 자신의 목소리를 들어본 적이 있는가? 자신의 귓가에 맴도는 자신의 목소리와는 전혀 다른 목소리를 들을 수 있다. 대부분의 사람은 자신의 목소리를 굉장히 불편해한다. 심지어 성우들도 자신의 목소리를 좋아하지 않는다고 한다.

스스로 알고 있던 목소리와 녹음된 목소리의 차이는 크게 느껴지기 때문이다. 그럼에도 불구하고 멋진 목소리를 가지려면 자신의 목소리를 지속적으로 들어야만 하고, 모니터링해야 한다.

자신이 알고 있었던 모습과 세상 사람들이 말하는 모습에는 분명히 차이가 있다. 그것을 인식해나갈 때, 때로는 고통스러울 수도 있다. 그럼에도 불구하고 꾸준한 모니터링 즉, 자신의 세계와 외

적 세계를 조화한다면 아름답고 절묘한 무엇인가가 창조된다. 그
것의 내 가슴속의 무언가인 내 안의 크리에이터 'I'를 발견하게 되
는 것이다.

크리에이팅

## 02 내 안의 크리에이터는 긍정적이다

 **저는 낙천적인 성격입니다**

입사 면접에서 가장 식상한 멘트 중 하나는 '저는 낙천적인 성격으로 무엇이든지 잘해낼 수…'라는 말이다. 낙천적(樂天的)이라는 말의 사전적 의미는 세상살이를 즐거운 마음으로 지내는 것이다.

기업에서 이 낙천적인 문구를 싫어하는 이유는 식상하기도 하지만, 당연히 기본적으로 깔려 있어야 하는 덕목이기 때문이다. 이와 마찬가지로 크리에이팅하기 위해서도 낙천적인 성격은 당연히 깔려 있어야 한다.

왜 크리에이팅을 선택하기로 마음먹었는지 잘 생각해보아라. 세상을 더 즐겁고 활력 있게 보내기 위함이 아닌가. 굳이 낙천적이거나 긍정적이라고 생각할 필요 없이 크리에이팅 자체에서 즐거움을 찾아야 한다. 즐거움으로 시작해야만, 크리에이팅으로 밝은 미래를 꿈꿀 수 있다.

 ## 마법의 언어 긍정

현실적인 부분은 꼭 짚고 넘어가야 할 문제임은 틀림없다. 그러나 현실에 너무 집중하게 되면, 부정적인 생각이 생기게 된다. 예를 들어, 유튜브 크리에이터를 하려면 목소리를 녹음할 수 있는 마이크 장비, 좋은 색감을 구현할 수 있는 DSLR 카메라, 고성능 미러리스 카메라, 각종 조명 등이 있어야 한다고 생각한다면 무엇을 이루어낼 수 있을까. 돈을 모으려고 아르바이트하다가 힘이 들어 중간에 유튜브 크리에이터를 그만둘 수도 있다.

목소리 녹음이 필요하다면 스마트폰을 살 때 주는 벌크 이이폰으로, 좋은 영상을 구현하고 싶다면 스마트폰의 앱을 깔아서 촬영하면 된다. 조명이 없다면 집에 있는 무드등을 끌어와서 A4용지로

불 밝기를 조절해서 하면 된다. 이마저도 없으면 그냥 촬영하면 끝이다.

이것저것 조건을 따지는 것이 아니라, 그저 할 수 있다는 긍정적인 생각으로 마법처럼 마이크 장비가 생기고, 영상 촬영 장비, 그리고 조명까지도 생겨난다.

유튜브 크리에이터뿐만이 아니다. 자신의 크리에이팅은 긍정의 마법 같은 언어로 말도 안 되는 추진력이 나온다.

##  내 안의 크리에이터는 모든 것을 이룰 수 있다

**장비충(裝備蟲)** : 뭐든지 비싼 장비부터 갖춰야만 가능할 것으로 생각하지만, 막상 갖춰놓곤 활용을 전혀 하지 않는 사람들을 얕잡아 이르는 말.

많은 사람들이 크리에이팅을 할 때, 준비에 대해 많은 고민을 한다. 그 첫 번째 고민은 단연 장비와 관련된 문제다.

장비를 가장 먼저 고민하는 이유는 가시적으로 하고 있다는 분위기를 만끽할 수 있기 때문이다. 멋진 장비를 갖추는 순간, 자신이 꽤 유명한 유튜브 크리에이터라도 된 것인 양 기분 좋게 시작하는 것이다. 그러나 그렇게 시작된 장비 세팅은 먼지가 쌓이게 된다. 차라리 중고로 팔아 손해를 낮추면 그나마 다행이다.

풀 프레임의 고사양 카메라가 카메라를 전혀 모르는 사람에게 주어진다면 어떻게 될까? 반면, 사양이 떨어지는 똑딱이 카메라가 카메라를 잘 아는 크리에이터에게 주어진다면 어떤 결과가 나올까? 결과적으로 카메라를 잘 아는 크리에이터는 고사양의 카메라를 사용하는 크리에이터보다 훨씬 좋은 영상이나 사진을 뽑아낼 것이다.

그렇다고 카메라에 관해서 공부하며 준비하라는 것은 아니다. 여기서 말하고자 하는 것은, 누구의 손에 들어갔느냐 하는 것이다. 앞의 예시는 극단적인 예일 뿐, 카메라에 대해서 잘 모르든 잘 알든 상관없다. 가지고 있는 지식과 자원을 얼마나 긍정적으로 평가해 실행에 옮기느냐가 중요한 것이다.

스마트폰 애플리케이션은 급속도로 발달했다. 불과 4~5년 전만 해도 영상 편집은 오롯이 영상을 전공한 전문가들만 다룰 수 있는 영역이었다. 그러나 지금은 상황이 완전히 다르다. 영상에 대해 잘 모르는 사람들도 크리에이터라는 이름으로 등장했다.

크리에이터는 고사양 컴퓨터에 고급 영상 편집 도구가 아닌, 스마트폰의 애플리케이션으로 영상 편집을 한다. 이때 만들어진 결과물은 기존의 전문가들이 만들어놓은 영상보다 트렌디하며, 전혀 밀리지 않는다. 템플릿이라는 틀을 이용해 끼워 맞추기만 하면 얼마든지 괜찮은 영상을 만들어낼 수 있는 영상 편집 애플리케이션이 등장했으며, 그것을 적극적으로 활용해낸다. 또 활용할 수 있는 다양한 애플리케이션도 계속 증가하고 있다.

오히려 많은 시간을 투자해 고도로 훈련된 전문가들이 새로 등장한 크리에이터에게 배워야 할 판국이다. 힘들게 전공해 실무에서 쌓아온 귀중한 노하우 가치가 떨어지는 현상이 벌어진다.

그럼에도 불구하고 몇몇 전문가는 기술적인 부분, 기본적으로 갖춰나가야 할 장비, 필요한 인력, 영상 기획 등을 습관적으로 따진다. 그 시간 동안 크리에이터는 스마트폰 하나로 빠르게 좋은 콘텐츠를 뽑아낸다. 전문가는 영상 콘텐츠를 뽑아내려면 시간과 인력이 많이 필요하다. 또한, 그렇게 완성된 영상 콘텐츠가 반드시 성공하리라는 보장이 없다. 그러나 크리에이터는 스마트폰으로 빠른 시간 내에 영상 콘텐츠를 만들어내다가 성공적이지 않으면 바로 다음 콘텐츠를 빠르게 준비한다.

많은 시간을 투자해 배운 전문가들은 크리에이터들이 다루는 아마추어 같은 애플리케이션을 배우지 않으면 도태되는 상황이 벌어진 것이다. 빠른 전환을 해서 트렌드를 좇는 전문가도 있지만, 그렇지 않은 전문가도 많다. 전문가로서의 기술적 자부심이 고집으로 추락하는 안타까운 순간들이 계속 생겨나는 것이다. 우리는 이를 '실력 역전 현상'이라고 부른다.

크리에이팅하는 크리에이터는 전문가들이 지닌 지식을 좇지 않는다. 자신이 가지고 있는 지식을 우선 크리에이팅으로 차곡차곡 자신만의 무기로 만들어간다. 필요할 때만 전문가들의 지식을 약간씩 첨가하며 배워서 자신의 무기를 더 화려하게 장식한다.

자신이 크리에이팅에 확신을 가진다면, 모든 것이 재료가 된다. 내 안의 크리에이터는 모든 것을 할 수 있는 사람인 것이다.

 ## 긍정에서 창조로

'하기 싫은 일에는 핑계가 보이고, 하고 싶은 일에는 방법이 보인다.'

학창 시절 밤늦게 컴퓨터 게임을 하려고 했지만, 컴퓨터가 거실에 있어 쉽지가 않았다. 그래도 하고 싶었기에 어떻게 하면 들키지 않고 안전하게 할 수 있을까 생각해보았다. 불빛과 소리가 새어 나오지 않게 이불을 둘러쓰고, 소리를 최대한 줄였다. 이어폰을 쓸까 생각했지만, 키보드 두들기는 소리와 마우스 클릭 소리, 그리고 컴퓨터 팬 돌아가는 소리를 알아야 하기에 그러진 않았다. 성공적으로 게임을 즐기고 기분 좋게 잠이 들었다. 물론 다음 날은 지각해서 혼이 났지만.

그렇다면 내가 컴퓨터 게임이 아닌 공부였다면 그렇게 했었을까? 아마 이런저런 핑계를 만들어 조건이 갖춰질 때까지 하지 않았을 것이라 확신한다. 내가 기억하는 학창 시절의 공부는 준비가 매우 중요했다. 시험 기간만 되면 책상이 더럽다는 핑계로 청소부터 시작하고, 배고플지 모르니 간식을 세팅한다. 그리고 공부의 집중력을 높이기 위해서는 쉬는 시간이 꼭 있어야 한다. 쉬는 시간에 보는 뉴스는 왜 그렇게 재미있는지 모르겠다. 여기서 중요한 것은, 재미있는 일은 공부가 아니라, 공부하는 준비라는 데 있다.

여러분 역시 그런 경험이 있을 것이다. 재미있고 신나는 일은 어떻게 해서든지 방법을 찾아낸다. 그리고 기분 좋은 감정을 발견해내고, 다음에 시도할 때 긍정적으로 창조적인 방법을 찾아낸다.

자신의 생각을 크리에이팅한다는 것은 신나고 재미있는 일이다. 그러나 각종 핑곗거리가 생기거나, 조건들을 맞추어가는 것이 힘들고 고통이 된다면 잠시 멈추고 점검해보아야 한다. 즐거운 감정인지 괴로운 감정인지 다시 생각해보아야 한다.

긍정의 마음은 즐거움에서 비롯된다. 즐거움으로 시작하라. 즐거움에서 긍정적인 생각으로 계속 이어간다면, 창조적인 생각들이 막 떠오를 것이다. 긍정의 마음을 창조로 이끌어내는 것이다.

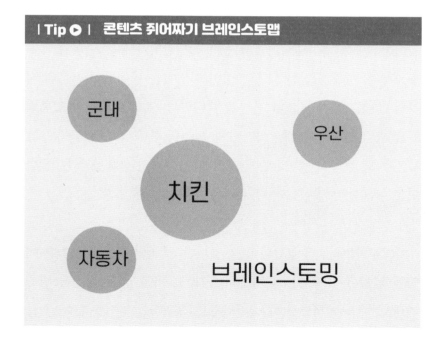

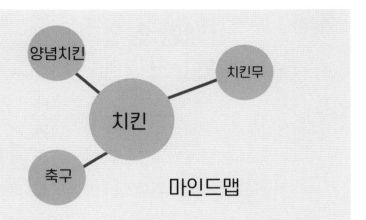

마인드맵

브레인스토밍이 있는데, 이것은 아무 단어나 막 던지는 것이다. 마인드맵이라는 방법도 있다. 한 가지 키워드에 연관되는 키워드로 계속 이어가는 방법이다. 브레인스토밍과 마인드맵을 조합하면 정말 말도 안 되는 독특한 아이디어가 발생한다. 콘텐츠 크리에이팅이 전혀 되지 않을 때, 유용한 방법이다.

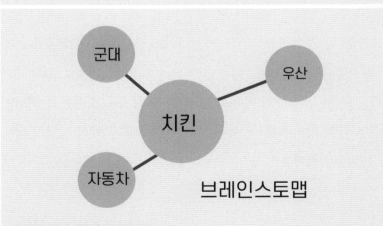

브레인스토맵

연관성이 없는 단어를 조합해보자.
예) 군대에서 치킨 몰래 먹은 이야기
　　자동차에서 깔끔하게 먹기 좋은 컵 치킨 리뷰
　　치킨 비가 내려오는 치킨 축제

# 03 실패한 창업가, 성공한 크리에이터

 **실패해도 좋을까?**

성공을 하려면 실패는 필연적이다. 그러나 어떤 실패인지가 중요하다. 다음으로 나아갈 원동력이 되며, 감당할 수 있는 실패라면 좋다. 그러나 감당하기 어려운 실패, 모든 걸 무너뜨리는 실패라면 다시 생각해보아야 한다. 실패했을 때 감당하기 어려운 것이라면, 하지 말아야 한다.

**돈 말고 시간만 써보자**

큰 위험을 감수하고 뛰어들어야만 크게 얻는다고 생각한다. 반은 맞는 말이다. 하지만 시대가 바뀌었다. 이제는 큰 위험을 감수하지 않아도, 성공할 수 있는 방법이 있다. 유형의 자원이 아닌 무형의 자원을 적극적으로 활용하는 것이다. 그 좋은 예로, 플랫폼 활용이다. 점포 임대와 직원 고용으로 사업체를 이루어내는 것이 아닌 유튜브, 블로그, 애플리케이션 등과 같은 플랫폼을 활용해 사업 공간을 마련하는 것이다.

예로 치킨 매장 개설과 유튜브 채널 개설을 예로 들어보겠다.

| | 치킨 매장(월 기준) | 유튜브 채널 |
|---|---|---|
| 임대료 | 300만 원 | 0원 |
| 재료비 | 150만 원 | 0원 |
| 인건비 | 100만 원 | 0원 |
| 각종 수수료 | 50만 원 | 0원 |

치킨 매장을 처음 운영하기 시작할 때 보증금까지 포함한다면 초기 비용은 굉장히 많이 든다. 반면, 유튜브 채널 개설은 비용이 거의 들지 않는다. 그렇다면 수익을 낼 확률은 어느 쪽일까?

치킨 매장이 장사가 잘되었을 때는 높은 수익을 기대할 수 있다. 유튜브 채널 역시 조회 수, 구독자 수, 그리고 협업 요청에 따라 높은 수익을 기대할 수 있다.

그렇다면 수익 창출에 실패했을 때는 어떤가. 투자한 금액에 따라 손해가 결정된다. 치킨 매장의 초기 비용을 생각한다면 적지 않은 돈이다. 더 알아야 할 것은 월 기준으로 투자한 금액이 고스란히 손해 금액으로 변한다는 것이다. 일반적으로 자영업을 시작할 때는 정상 궤도에 오르기까지 짧게는 3~6개월이라는 시간이 필요하다. 그렇다면 생각보다 더 많은 돈을 준비해야 한다는 것이다. 반면 유튜브 채널의 투자금은 거의 없다.

인생에서 중요한 결정을 하는 것이기에 눈에 보이는 실체가 있어야 한다고 생각할 수 있다. 그래서 '퇴직 후 치킨 매장 사장'라는 말이 생겨났다. 그러나 그것도 몇 년 전의 말이다. 지금은 '퇴직 후 유튜버'라는 말이 뜨고 있다.

반드시 유튜버만 하라는 것이 아니다. 치킨 매장을 운영한다면 자신의 치킨 매장을 어떻게 홍보할지도 고민해야 한다. 치킨 매장 홍보를 유튜브 채널로 홍보해보면 어떨까.

그 외에도 새로운 일을 시작할 때 외적으로 알릴 수 있는 것과 내적으로 알릴 수 있는 것이 있다. 외적으로 알린다는 것은 홍보 영상이나 홍보 포스팅으로 매장에 오는 사람만 소통하는 것이 아닌, 웹상의 다양한 사람과 소통하는 것이다.

내적으로 알린다는 것은 자신의 새로운 일을 유튜브나 블로그 등의 플랫폼을 활용해 기록해보는 것이다. 기록을 통해 자신을 돌아보고 점검하고, 그러다 외적인 소통도 노려보는 것이다.

외적으로 홍보를 하든지, 내적으로 기록을 남기든지 하나만 해보자. 시간은 들어도 돈은 안 든다. 그리고 실패, 성공 여부와 상관없이 플랫폼의 활용은 어떻게든 남는 것이 생긴다.

 **성공한 크리에이터, 그들만의 비법**

'돈을 벌기 위해 마구잡이로 시작한 창업가'
'철학에 자본과 기술을 투자해 가치 창출을 꿈꾸는 창업가'

어떤 창업가가 훌륭해 보이는가? 훌륭하다는 기준은 우선 수익이다. 창업가는 더 이상 학생이 아니다. 수익을 창출해야만 훌륭한 창업가다. 전자든 후자든 상관없다. 수익 창출은 창업가의 가장 기본이다. 기본도 안 되어 있는 창업가가 자신의 철학을 계속 꿈꿀 수 있을까?

시장은 시시각각 변화한다. 어떻게 변화할지 모른다. 많은 것을 투자해 철저히 준비해낸 창업도 쉽게 망한다. 오히려 별것도 아닌 것이 크게 성공하는 경우도 많다.

소녀시대의 등장은 멤버 수로 큰 화제가 되었다. 소녀시대를 기획한 이수만 대표는 사람마다 취향이 다 다르니 그냥 모두 투입해 보자라는 생각으로 멤버를 구성했다. 기존의 아이돌은 네 명에서 많아야 여섯 명 정도였다. 다양한 개성의 아홉 명으로 구성한 것이다. 그 시도는 먹혀들었고 이후 슈퍼 주니어, 애프터스쿨과 같은 다수 인원으로 구성된 아이돌이 등장하게 된다. 지금은? 시장성 변화로 줄여가고 있다.

불안정하게 시장이 변하기에 딱 정해진 답은 없다. 정해진 답이 없기에 많은 시도를 해보아야 한다. 유튜브 시장의 성공한 크리에이터들의 채널을 들어가 보라. 무수히 많은 영상들이 있을 것이다. 그리고 조회 수를 확인하라. 조회 수를 본다면 편차가 굉장히 클 것이다.

어떤 동영상은 조회 수가 10만을 훌쩍 넘어가기도 하고, 어떤 영상은 1,000회도 도달하지 못하고 있다.

성공한 크리에이터들은 영상 콘텐츠의 수준에 신경을 많이 쓴다. 그러나 그들이 처음부터 그랬을까? 유튜버 크리에이터를 하려고 준비하는 사람들은 성공한 크리에이터의 질 좋은 영상을 보며 시작도 하기 전에 기가 죽어 있다. 그런데 그들이 처음부터 프로페셔널했을까?

그럴 때마다 그들에게 성공한 크리에이터들의 첫 동영상을 열어보라고 한다. 성공한 크리에이터의 2년 전, 또는 3년 전의 초보 시절 모습은 뭔가 어색하고 답답한 느낌일 것이다. 그런 모습을 보고 자신도 할 수 있을 것이라 생각이 들 것이다.

성공한 크리에이터들은 죽이든 밥이든 우선 시도해본다. 더군다나 유튜브와 같은 플랫폼에서는 무료와 가까운 비용이 발생한다. 당장의 조회 수를 기대하는 것이 아니라 그냥 계속 업로드를 해보는 것이다.

결론적으로 성공한 크리에이터들은 질보다 양을 선호해온 것이다. 많은 영상을 업로드한 이후, 그중에 성공한 몇몇 영상콘텐츠로 수익화한다. 어느 정도의 수익화로 안정화를 이루었을 때 비로소 질을 향상시키는 것이다. 그렇게 완성된 채널을 처음 본다면 양질의 콘텐츠로 무장된 멋진 채널로밖에 보이지 않을 것이다. 주눅 들지 말라. 당신도 성공한 크리에이터의 방식인 질보다 양으로 승부한다면 충분히 해낼 수 있다.

## | Tip ▶ | 질보다 양 많은 영상 VS 양보다 질 좋은 영상

많은 사람들이 유튜브를 위해 영상 편집을 배우려고 한다. 그래서 영상 편집 학원을 찾는다. 그러면 아주 고사양 컴퓨터를 준비해야 하고 일정한 돈을 들여 프로그램을 산다. 그렇게 배우기 시작하면 한두 달을 넘어, 못해도 최소 석 달이라는 시간이 걸린다. 제대로 배우려면 몇 년까지도 걸린다. 이렇게 배워서 유튜브를 잘 해낼 수 있을까?

영상 편집에 대해 깊이 있게 배우는 것은 좋다. 그러나 영상 아티스트가 목표가 아니다. 유튜브가 목표인데 영상아티스트, 영상 편집자 공부를 하는 것이다.

목표가 어디에 있는지 주목해야 한다. 영상 편집은 유튜브나 책으로 가볍게 쉽게 배울 수 있다. 기본만 배우면 된다. 본질로 돌아가 영상 편집은 가볍게, 나의 콘텐츠는 확실하게 접근해야 한다.

영상을 제대로 배우면 주의해야 할 것들이 생겨난다. 영상의 구도부터 시작해서 디테일한 것들이 계속해서 신경이 쓰인다. 유튜브 영상은 사람들에게 아주 짧고 빠르게 영감을 주어야 하는데, 자꾸 영상미를 신경

크리에이팅

쓰게 된다.

영상 아티스트나 영상 편집자로 일하려면 영상에 관해서 공부를 많이 해야 한다. 그들은 영상 촬영이나 편집에 많은 공을 들인다. 그래서 제작 시간이 많이 길어지기도 한다. 그러나 유튜브 시장은 다르다. 시시각각 바뀌는 콘텐츠 속에 트렌드와 소통력을 잃으면 아무 소용이 없다.

유튜브에서 검색을 해보자. 영상미 좋은 감독들이 투자한 영상임에도 조회 수가 멈춰 있는 경우가 더러 있다. 대충 만들어서 올리는 것이 오히려 그들보다 더 많은 조회 수를 가지고 있다. 유튜브는 영상이지만, 영상미가 반드시 필요한 것이 아니다. 유튜브는 콘텐츠 플랫폼임을 명심해야 한다.

덧붙여 말하자면, 사람들은 트렌디하고, 소통이 잘 되는 것을 선호한다. 유튜브 시장에서만 그런 것이 아니다.

# 크리에이터를
# 이해시켜라

**04**

 **이해를 이해로 보아라**

**이해(理解, understanding)** : 알아들음. 알아서 받아들임

**이해(利害, interests)** : 이익과 해로움


　이해 관계라는 단어의 의미를 본 의미와 다르게 아는 경우가 있다. 이해 관계라는 말은 서로의 이익과 해로움으로 맺어지는 관계다. 그러나 이 이해 관계를 서로의 의견을 알아들어 존중한다는 의미로 보는 경우도 있다. 다시 말해, 후자의 의미보다는 전자의 의미로 해석하는 것이 일반적으로 잘 들어맞는다.

알아듣는 것과 이익과 손해라는 의미는 서로 다른 의미다. 그럼에도 이해(이익과 해로움) 관계를 이해(알아들음) 관계로 해석해도 잘 어울린다. 그만큼 이익과 손해는 잘 알아듣는 것과 밀접한 관련이 있다는 것이다.

예를 들어, 맛있는 치킨을 파는 치킨 매장 가맹점주와 치킨 재료를 공급하는 본사와의 이해 관계로 예를 들어보겠다.

- 창조 치킨 가맹점주와 본사와의 수수료 전쟁, 치킨 가격 상승을 둘러싼 이해(이익과 해로움) 관계
  → 창조 치킨 가맹점주와 본사와의 수수료 전쟁, 치킨 가격 상승을 둘러싼 이익과 손해 관계
- 창조 치킨 가맹점주와 본사와의 수수료 전쟁, 치킨 가격 상승을 둘러싼 이해(알아들음) 관계
  → 창조 치킨 가맹점주와 본사와의 수수료 전쟁, 치킨 가격 상승을 둘러싼 의사소통의 충돌

지금은 원활한 의사소통이 이익이고, 의사소통이 잘 안 되면 곧바로 손해가 발생한다. 소통과 이해함으로 내 속의 크리에이터를 이해하자. 수익과 손해를 명확히 해 나 스스로의 소통, 그리고 세상

과의 소통으로 이해하자!

 ## 이해의 시작은 나로부터

이해의 시작은 나로부터다. 나를 잘 알고 이해해야 한다. 나의 잠재력을 잘 알아서 파악해야 하고 이익과 손해, 다시 말해 장단점을 명확히 따져야 한다.

스마트폰의 설정창에 들어가면 유용한 기능이 있다. 그리고 사용 설명서도 내장되어 있어 생각지도 못한 다양한 기능들을 볼 수 있다. 스마트폰뿐만이 아니다. 우리 주위에서 사용하는 다양한 장비들의 설명서를 자세히 들여다본 적이 있는가. 그 설명서에는 본 기능뿐만 아니라 부가 기능, 제조사별 특별 기능까지 들어 있다.

설명서와 환경 설정을 정확히 이해한다면 그 기능 등을 폭넓게 활용할 수 있다. 더욱더 다양한 것을 할 수 있으며, 개선점을 찾아 제조사에 요청까지 하는 똑똑한 소비자가 될 수 있다. 이에 그치지 않고 리뷰를 해서 사람들에게 정보를 알리는 것은 기본이며, 다른 콘텐츠와 함께 연계를 맺어 새로운 것을 창조해낸다. 작은 것의 이

크리에이팅

해로 새로운 것을 창조해내는 것이다.

스스로를 바라보고 스스로의 사용설명서를 찾아보라. 남들과 다르게 특별하게 주어진 기능은 무엇이 있는지 찾아보라. 어떤 기능이 강점인지 스스로를 리뷰해보라. 이렇게 자신을 이해하며 바라본다면, 세상 밖의 사람들과 소통하고 싶은 욕심이 생겨날 것이다. 자기 자신 즉, 크리에이터를 이해해 새로운 것을 크리에이팅하자.

# 05 크리에이터를 설득하라

 **스스로를 설득하라**

상품을 파는 사람이 잘 팔기 위해서는 상품에 대한 확신이 있어야만 한다. 그러기 위해서는 우선 상품을 잘 알아야 하며, 먼저 스스로 질문을 던져야 한다. 그에 대한 답을 다 구했다면, 이제는 스스로를 설득해야 한다.

자신도 설득하지 못하면, 아무도 설득하지 못한다. 먼저 스스로를 설득하라. 그리고 그 설득력에 점수를 매겨보는 것이다. 10점 만점을 기준으로 하고, 1점당 상품 한 개, 또는 조회 수 10회, 방문횟수 3회와 같이 산정해보라. 그렇다면 목표치는 몇 점인가? 최소 몇

점을 달성할 수 있는지 산정해보라. 그리고 스스로의 설득하기 전의 모습을 상상해 점수를 다시 산정해보라. 그렇다면 분명 차이가 나는 점수가 있을 것이고, 벌서 그 점수를 얻었다는 확신이 들 것이다. 스스로의 설득으로 벌써 몇 개를 팔아 치운 기분이다. 그 자신감으로 시장에 뛰어들어 설득하라.

| 설득점수 1~10점 중 자신의 점수 | | 총 성취 |
|---|---|---|
| | × 상품<br>1개 | |
| | × 조회 수<br>100회 | |
| | × 방문 횟수<br>3회 | |

 **열린 마음**

지금은 은퇴한 차두리라는 축구 선수를 좋아한다. 그는 차범근이라는 최고의 공격수 유전자를 물려받아 공격수로 활동했다. 그러나 아버지의 명성과는 달리 공격수로서 큰 임팩트는 주지 못했다. 그러다 감독의 요청으로 수비수로 전향하는데, 이후 성공적으로 활약해 국가대표로 좋은 모습을 보여줬다. 감독의 요청에도 끝까지 공격수를 고집했다면, 차두리 선수는 누구나 기억하는 훌륭한 선수가 될 수 있었을까?

차두리 선수가 기존의 포지션만 고집했다면 어떻게 되었을까? 누구나 고집이 있다. 고집이 새로운 길로 나아갈 때, 큰 걸림돌이 된다. 고집을 버리긴 쉽지 않다. 고집을 버리지 않으면 빠른 전환이 어렵지만, 언제든지 고집을 탈피해 열린 마음으로 본다면 할 수 있는 일은 더욱 많아진다. 크리에이터의 고집을 풀어내야 한다. 열린 마음으로 세상을 바라보고, 다재다능한 크리에이터로 나갈 수 있게끔 말이다.

 **사람은 안 변한다**

사람은 끊임없이 성장한다. 그렇기에 언제든 변화할 수 있다고 생각한다. 그러나 인간 심리에 대해 깊게 공부를 한 사람들은 대놓고 말한다.

"사람은 변하지 않아요."

사람이 가장 힘들 때 본성이 드러난다고 한다. 부모의 유전으로 자연스럽게 드러나게 되는데, 그 본성은 변하지 않는다는 것이다. 그 말은 우울하며 슬프고 자존감이 떨어져 있는 사람에게는 아픔으로 돌아온다. 그러다가 이어서 이런 말도 등장한다.

"사람은 고쳐 쓰는 것이 아니다."

이제 갓 사회초년생 딱지를 뗀 사람은 맞는 말이라며 격하게 공감한다. 나는 이 말들을 아주 싫어한다. 그럼에도 불구하고 이 말들은 사실이다. 그러나 변하지 않는다고 그대로만 있을까?

'신경가소성'이라는 말이 있다. 가소성이라는 말은 변하는 성질이라고 하는데, 뇌신경은 가소성을 가지고 있다. 슬픈 생각, 부정적인 생각만 하면 그와 관련된 신경이 자라나고 확장된다. 반대로 좋은 생각, 긍정적인 생각만 한다면 그것들로 가득차게 된다. 이 '신경가소성' 때문에 사람은 학습이 가능해지는 것이다. 앞서 말했던 것처럼, 사람은 유전적으로만 정해져 있고 가소성이 없으면 인류가 발전하지 않았을 것이다. 우리도 좋게 변화할 수 있다.

자신의 뇌를 설득하자. 좋은 것으로 가득 채워보는 것이다. 변하지 않는 본성? 신경 쓰지 말자. 자신을 이해하자. 자신의 장단점을 명확하게 보자. 좋은 본성을 가졌으면 정말 좋다. 그러나 그렇지 않은 사람에게는 본성이 약점이 될 수 있다. 이 본성을 숨기지 말자. 그냥 무시하고, 본성을 에워싸는 다른 부가적 성질에 집중하자. 좋지 못한 본성이 단점이라면, 단점을 개선하려고 애쓰는 것이 아니라 부가적인 좋은 성질, 자신의 장점에 미친 듯이 집중해서 단점에는 관심을 주지 말자. 자신만의 장점이 가소성으로 자라나며 커지고, 단점은 점점 사라지는 기적을 스스로 이루어보자.

 **성공한 엄친아**

"내 친구 아들은 말이야. 취직 잘 해서 돈 잘 벌어, 용돈도 두둑이 준다. 좀 본받아라!"

공부도 잘하고 운동도 잘하고 취직도 잘 해서 돈도 잘 버는 그 엄마 친구 아들은 상상 속의 인물이 확실하다. 주눅 들지 말자. 다 허상일 뿐이다. 좋은 것만 해주는 자식은 세상 그 어디에도 없다. 속도 썩이고, 말도 안 듣고, 우리 모두가 그렇다.

크리에이팅

세상에 엄친아는 없다. 자신이 생각하는 사람, 존경하는 사람의 흠과 아픔을 한번 찾아보라. 자세히 살펴보면 그 사람도 역시 어쩔 수 없는 사람이고, 부족함이 있음을 알 수 있다.

부족함이 있었기에 더 가치 있고 멋진 사람으로 기억이 남는 것이다. 그러나 그 사람들은 어떻게 성공했을까? 자신의 단점만 바라보고 슬퍼만 했을까? 그들은 자신이 할 수 있는 작은 것부터 차근차근 성취해나갔다. 물론 그들의 작은 성취와 그 과정들은 기억되지 않는다. 누구나 할 수 있는 평범한 성취니까.

PART
# 03

# 크리에이팅의
# 전략

01  크리에이팅의 색이 핵심이다
02 노트 하나로 끝내는 크리에이팅
03 내가 아니면 안 되는 것이 크리에이팅
04 무자본, 고소득이 진정한 크리에이팅이다

# 01 크리에이팅의 색이 핵심이다

 **트렌드 읽기**

매년 트렌드가 빠르게 변하고 있다. 옷가게를 둘러보면 알 수 있다. 진열된 옷들이 아무리 비슷해 보여도 작년과는 조금 다를 것이다. 작년과의 차이점을 느낄 수 없는가? 그럼 자신의 옷장을 들여다보아라. 재작년에 구입한 코트를 입어보아라. 뭔가 몸에 안 맞는 느낌일 것이다. 3년 전에 구입한 체크무늬 티셔츠를 꺼내보아라. 이제는 감이 올 것이다.

사람은 쉽게 지겨움을 느낀다. 늘 새로운 것을 찾고 소유하고 싶은 욕구를 지니고 있다. 풍족할수록 더욱 그런 경향을 보인다. 그렇기에 많은 기업들은 트렌드를 주도하고 흔든다. 소비자의 마음을 쥐고 흔드는 것이다. 트렌드를 주도하는 기업은 많은 수익을 창출한다. 이에 질세라 다른 기업들이 다양한 방법으로 트렌드를 변형해 소비자를 끌어들인다. 이 경쟁에서 밀려난 기업들은 또 다른 방식으로 트렌드를 재창조한다. 이미 지나버린 트렌드를 끌어와서 크리에이팅하는 것이다.

이제 소비자는 어떤 것을 고를지 고민만 하면 된다. 무슨 색을 택할 것인지는 소비자에게 달렸다.

##  색이 핵심이다

트렌드 분석도 없이 다양한 콘텐츠를 시도하려고 한다. 파란색, 빨간색, 초록색, 노란색으로 정한 것도 없이 막연함으로 시작한다. 브랜드 이미지가 정말 중요한데 말이다.

예를 들어, 치킨 매장이 김치찌개, 족발, 탕수육, 해물찜과 같이 마구잡이로 메뉴를 추가한다면, 어떤 일이 벌어질까? 있던 단골도 떨어진다. 성장을 기대하기 어렵게 된다.

콘텐츠 시장 역시 그렇다. 자신이 잘할 수 있는 것, 또는 흥미를 가지고 오랫동안 꾸준히 할 수 있는 것을 토대로 색을 선정해야 한다.

색(잘하는 것 또는 재미있는 것) + 트렌드 분석 + 꾸준함 = 브랜드 이미지

우선 트렌드 분석을 해야 한다. 현 트렌드에서 지는 콘텐츠인지, 뜨는 콘텐츠인지, 지더라도 변형을 가하면 뜰 수 있는 콘텐츠인지를 다양하게 분석해야 한다. 그러고 나면 콘텐츠가 식상한지, 지루한지, 윤리적으로는 문제가 없는지 분석한 이후에 밀고 나가야 한다.

**〈콘텐츠 선정 체크 리스트〉**

- 윤리적으로 문제가 없는가? ☐
- 뜨는 콘텐츠인가? 지는 콘텐츠인가? ☐
- 지더라도 변형으로 뜰 수 있는가? ☐
- 지나치게 앞서가는 콘텐츠인가? ☐
- 과거의 콘텐츠로 식상함을 유발하는가? 추억을 유발하는가? ☐
- 속도감 없이 지루한 콘텐츠인가? 지루해도 신선한가? ☐

유튜브 크리에이터를 하기로 마음먹었다면 메인 콘텐츠를 확실하게 정해야 한다. 예를 들어 먹방을 하기로 했다면, 주야장천 먹방만 해야 한다. 욕심이 생겨 게임 방송도 하고, 브이로그도 하고, 지식 정보 전달, 정치 이야기 등등 다른 것들이 업로드된다면 채널 본연의 색을 잃어간다. 하나만 하자. 그것도 재미있어서 제일 잘할 수 있는 것으로 말이다.

하나만 잘한다는 인상을 주어야 전문성이 있어 보인다. 이것저것 다 해 버린다면 힘들게 가꾸어온 뿌리가 부실해 보일 것이다.

하나만 해보고 하나만 집중해 크리에이팅해보자. 해보면 정말 공부해야 할 것들이 많을 것이다. 그리고 정말 재미있는 것도 많을 것이다.

 하고자 하는 색 중심

치킨을 팔기로 작정했는가? 아니면 떡볶이를 팔기로 작정했는가? 메인 색을 정했다면 그것만 집중하면 된다. 빨간색을 선택했다면, 빨간색부터 열심히 연구하고 공부하자. 성공적으로 빨간색을 브랜딩했다면, 이후에 빨간색과 잘 어울리는 하얀색, 파란색을 조합해보기도 하고, 빨간색과 비슷한 분홍색, 주황색 등을 추가해보는 것이다.

다른 색과 조합하거나, 색을 조절하는 것은 메인 색을 정확히 파악하고 집중했을 때 가능한 것이다. 빨간색의 떡볶이를 성공적으로 팔고 있다면, 치즈가 들어가 조금은 연한 떡볶이, 떡볶이와 잘 어울리는 주먹밥, 튀김을 해보는 것이다. 물론 떡볶이가 맛이 없다면 다른 것들은 아무 소용이 없다.

##  강력한 힘, 명기(名機)

'소니 타이머'라는 말이 있다. 이는 일본의 전자제품 회사인 소니 사의 제품이 무상수리보증기간이 막 지난 시점에서 고장나는 현상을 의미한다. 일반적으로 전자기기는 A/S가 끝나는 시점이 지나면 잔고장이 나기 시작하면서 사용하기 어렵게 된다. 그러나 잔고장 없이 꾸준하며 준수한 성능을 유지해준다면, 그것을 명기라고 부르기도 한다. 일례로 삼성전자의 갤럭시 S2 스마트폰이 명기로 평가받는다. 고장이 나질 않아 수리점을 방문하지 않으니 부품 회전도 안 될뿐더러, 새로 출시하는 스마트폰 판매에도 영향을 주게 되는 웃지 못할 일이 발생한 것이다. 우스갯소리로 '삼성의 실수'라는 타이틀까지 얻게 되었다.

그렇게 완성된 명기는 다음 세대의 제품을 기획할 때 더 좋은 제품을 꿈꿀 수 있는 원동력이 된다. 명기를 만드는 비결은 자신의 색에 집중하는 것이다.

기업마다 로고를 보면 떠오르는 이미지가 있다. 그런데 그 이미지에 색깔을 넣어 더욱 선명하게 한다. 나만의 콘텐츠, 그리고 크리에이터가 되기로 마음먹었다면 나만의 색깔을 추가해 더욱 선명하게 해보자. 여기서 좋아하는 색깔을 선정해 나의 사업, 나의 채널, 나의 모든 것에 포인트를 줘보자.

**빨간색** : 활력, 사랑, 정열, 식욕, 대담, 요식업체에서 많이 사용

**파란색** : 신뢰감, 안정, 차분함, 정직함, 신뢰감을 주며 생산성을 높임

**주황색** : 친근, 행복, 사교, 충동 구매, 요식업체

**보라색** : 고급, 창의적, 안정, 고급스러운 느낌. 미용 제품

**노란색** : 긍정, 자신감, 즐거움, 진보, 자유롭게 친근, 젊음 어필

**검은색** : 세련, 럭셔리, 권위, 격식, 심플, 격식 있는 기업에서 사용

**초록색** : 자연, 성장, 평화, 신선함, 평안한 마음

**복합** : 다양성, 즐거움, 긍정, 자유로움, 유쾌한 인상

## 02 노트 하나로 끝내는 크리에이팅

 **실체와 실체화**

어떤 것을 크리에이팅할 것인지 떠올렸는가? 머릿속으로 생각만 해도 즐거울 것이다. 이제는 보이지 않는 것을 실체화하라. 실체가 없으면 아무것도 아니다.

| Tip ⊙ | **이름을 지어보자**

**– 이름과 조합**
이름에 콘텐츠나 좋아하는 것을 조합하는 형태다. 쉽고 담백하다.

예)

조 + 브이 = 나만의 일상 브이로그 조브이

지우 + 피카츄 = 오늘의 여행은 여기로 정했다 지우츄

연미 + 치킨 = 치킨 매장에서 이루어지는 연기에 미친 이야기 연미치킨

### - 원래 사용하던 별명

원래 사용해왔던 별명을 활용하는 것이다. 꼭 사용했던 것이 아니더라도 좋다. 불리기 원하는 별명이 있다면 그것을 사용하자. 약간 특이한 별명이면 더 좋다.

예)

느려서 달팽이라는 별명 = 여유로운 브이로그 한달팽

어디든 친근한 이미지로 서방이라는 별명 = 손이 푸짐한 큰서방

평상시에 조언을 많이 해주는 오지라퍼라는 별명 = 강렬한 동기부여 강오랍

### - 두 가지 이상을 조합

메인 콘텐츠와 좋아하는 어떤 것을 조합하면 된다. 평상시에 좋아하는 색깔, 다른 취미, 개그 코드들을 조합해보자.

예)

야구 + 파란색 = 파란 하늘 아래 펼쳐지는 직장야구 동호회 파랑야구

치킨 + 부장님 개그 = 오늘도 치킨을 위해 움직인다 우웅치킨

영화 + 베란다 = 영화에서 배운다. 영화 리뷰 채널 영화의 베란다

### - 언어의 활용

외국어를 우리나라 말로 읽으면 색다른 느낌을 줄 수 있다. 구글 번역

기를 통해 발음을 읽어보고 그 표현이랑 뜻이 재미있으면 적극적으로 활용해보자. 순우리말에도 좋은 표현이 있으니 활용해보자.

**예)**
봉쥬르라는 인사말과 요리와 합성 = 즐거운 레시피 봉쥬 레시피
키셀로 밀리야코라는 요구르트의 불가리어를 활용 = 식후에 보는 요거트 정보 키셀로
강아지라는 몰타어의 구루를 활용 = 말티즈의 뒹굴뒹굴 구루구루
어린아이가 탈 없이 자라는 모양의 순우리말 도담도담을 활용 = 도담도담 신나는 육아 다미다미

 **즐거운가?**

어릴 적 일이었다. 정말 좋아하던 사람이 있었다. 내가 잘 알지도 못하는 곳에 살고 있었고, 그곳에서 시간을 보내게 되었다. 스마트폰도 없었던 시절이라 전날 밤늦게까지 지도를 그려가며 계획을 세세하게 짜고, 플랜B까지 준비했다. 그리고 새벽 일찍 그곳에 미리 가서 전날 짜놓은 공간을 둘러보고 확인해보았다. 정말 미친 짓이었다. 그런데 너무 즐거웠다.

그리고 약속된 장소에서 만나 내가 생각했던 경로로 유도해냈다. 그런데 긴장해서 그런지 길을 잃었다. 힘들게 식당을 찾아 식사하는데 실수로 밥도 엎었다. 정성껏 차려입은 옷도 더러워졌다. 힘들게 준비했는데 속상했다. 그리고 어떻게 되었냐고? 묻지 마라. 속상하다. 대 실패였지만, 그래도 함께 있었다는 이유로 행복했다.

실패였어도 그 해나가는 과정이 즐거웠다. 그리고 다음 좋아하는 사람 만났을 때는 더욱 잘했고, 그때의 실패는 더욱 값진 실패로 기억된다.


지금 크리에이팅하고자 하는 일이 실패해도 즐거웠다고 말할 수 있는가? 모든 과정이 힘들어도 미래를 생각하면 즐거움으로 웃으며 할 수 있는가?

- 내가 좋아하는 일인가? ☐
- 내가 즐겁게 할 수 있는 일인가? ☐
- 사람을 즐겁게 할 수 있는 일인가? ☐
- 성취의 기쁨을 누릴 수 있는 일인가? ☐
- 실패해도 다시 일어 설 수 있는가? ☐

 **누구인가?**

스마트폰이라는 주제를 70대 어르신과 10대 청소년에게 던져보아라. 어떻게 이야기가 전개될지 굉장히 온도 차가 다를 것이라고 예측할 수 있다. 70대 어르신은 스마트폰으로 통화나 사진 저장 기능, 더 나아가 카카오톡으로 어떻게 메시지를 전송하는지를 이야기할 수 있을 것이다. 반면 10대 청소년은 어떤 유용한 애플리케이션이 있는지, 요즘 뜨는 모바일 게임이 무엇이 있는지 이야기할 수 있을 것이다.

같은 주제임에도 연령이나 환경에 따라 주제의 전개 방식은 크게 달라진다. 치킨을 판매할 때도 시기가 굉장히 중요한데, 더운 여름에 치킨이 생각나겠는가? 시원한 맥주와 연관시켜서 여름에도 매출을 유도한다. 추운 겨울에는 따뜻한 집에서 따뜻하게 먹는 치킨을 떠올리게 하면 된다. 즉, 누가 소비할 것인지가 정말 중요한 것이다.

- 연령과 성별은 어떻게 되는가? ☐
- 어떤 지역인가(시·도 영역, 국가)? ☐
- 타깃층의 지식 수준은 어느 정도인가? ☐
- 타깃층의 관심도는 어느 정도인가? ☐

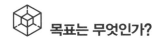 **목표는 무엇인가?**

크리에이팅할 주제로 무엇을 성취할 것인지 확인해보라. 목표를 정하지 않았다면 두 가지를 생각할 수 있는데, 이 두 가지 중 하나만 선택하면 된다. 그것은 비전과 수익이다.

직원을 채용하다 보면 둘 중 하나는 꼭 약속되어야 한다.

첫 번째는 수익이다. 그 어떤 것보다 중요하다. 연봉 협상을 하게 되는데 원하는 연봉을 가지지 못하면 시작조차 못 하게 된다. 연봉 계약을 맺어도 임금 지급이 밀리게 되면, 일에 대한 열정은 금방 사그라지게 된다. 크리에이터 역시 그렇다. 수익이 없고 생활이 불안정해진다면 과연 일이 즐거울까? 그러나 수익이 없어도 즐겁게 일할 방법이 있다.

수익 없이도 즐겁게 일할 수 있는 것은 바로 두 번째 요소인 비전이다. 당장의 수익은 기대하기 어렵지만, 확고하고 뚜렷한 비전은 미래에 부와 명예를 얻을 수 있을 것 같은 희망을 준다. 영화에 등장하는 학자들을 보아라. 당장의 돈은 안 되지만, 평생을 바쳐 이루어내는 연구 성과를 자랑스러워하지 않는가? 삼성, 현대와 같은 대기업도 수익 없이 비전을 꿈꾸는 회사였다. 작은 곳에서 시작했고 비전으로만 꿈꾸고 일했다. 그때 참여한 사람들은 지금 부와 명예를 거머쥐고 있다.

수익과 비전을 염두에 둔 목표를 설정하라.

- 수익을 기대할 수 있는가?
  내가 하는 일에 활력을 불어 넣어줄 수 있는가? ☐
- 당장의 수익은 아니지만, 미래에 수익이 발생할 수 있는가?(비전) ☐
- 수익을 수치화하라. ☐
- 실현하는 미래는 언제인지 설정하라. ☐

 **꾸준히 할 수 있는가?**

목표를 설정했다면, 꾸준히 실행에 옮길 수 있는지 점검하라.

- 생존이 가능한 자금은 있는가? ☐
- 지지와 응원을 해줄 수 있는 사람이 있는가? ☐
- 멈추었을 때 마음을 해소해줄 수 있는 취미나 즐거움이 있는가? ☐
- 흔들려도 다시 돌아올 만큼 목표에 힘이 있는가? ☐

공무원을 뽑는 데 중요한 것은 무엇일까?

'국민을 위한 봉사 정신'
'어떤 유혹에도 뿌리칠 수 있는 공직자의 청렴함'
'자신의 전문 능력으로 국가 발전에 이바지하는 것'

이 세 가지 덕목을 잘 갖춘다면 공무원을 할 수 있을까? 이것보다 더 중요한 것이 있다. 우선 시험에 합격해야 한다.

왜 시험을 치게 하는지를 알아야 한다. 공무원의 수험 기간은 대략 2년에서 길게는 8~9년처럼 길어질 수도 있다. 그럼에도 불구하고 왜 시험을 치게 하는가? 막상 시험 문제를 살펴보면 직무와도 관련 없는 것들이 많고, 공무원 생활을 하는 데 필요 없는 것들이 많다. 그런데도 채용자는 왜 좋은 시험 점수를 가진 사람을 뽑을까? '타고남'이 아니라 '꾸준함'이다. 시험의 좋은 점수를 얻기 위해 많은 시간을 꾸준히 공부해내야 한다. 떨어질지도 모른다는 불안감 속에서도 자신의 페이스를 유지하며 꾸준히 공부하는 것이다. 앞서 말한 공무원의 멋진 덕목들은 이런 꾸준함의 전제가 없으면 아무 소용이 없기 때문이다. 꾸준함이 없으면 아무 소용도 없는 것이다.

**질문** : 공부를 못해서 유튜브 크리에이터로 돈 잘 벌 거예요.

**답** : 솔직히 말할게. 공부 잘하는 애들이 유튜브 크리에이팅도 잘한단다.

**질문** : 나쁜 친구들! 공부 잘하는 애들은 공부 잘해서 좋은 직업을 가지면 되지, 왜 유튜버까지 빼앗아가나요?

**답** : 유튜브 크리에이터도 꾸준함이 없으면 성공하지 못해. 꾸준함이 있어야 한단다. 많이 아는 것보다 꾸준한 것이 중요하단다.

 성취하라

작은 성취는 큰 성취를 불러들인다. 앞서 언급한 체크리스트들을 다시 점검하라. 그리고 성취한 항목을 조금씩 써나가라. 이 책 구입을 시작으로 체크리스트 항목을 점검해보는 것도 벌써 성취를 이루어낸 것이다. 다음 성취를 기대하자.

**〈즐거운가〉**
- 내가 좋아하는 일인가? ☐
- 내가 즐겁게 할 수 있는 일인가? ☐
- 사람을 즐겁게 할 수 있는 일인가? ☐
- 성취의 기쁨을 누릴 수 있는 일인가? ☐
- 실패해도 다시 일어설 수 있는가? ☐

**〈누구인가〉**
- 연령과 성별은 어떻게 되는가? ☐
- 어떤 지역인가(시·도 영역, 국가)? ☐
- 타깃층의 지식 수준은 어느 정도인가? ☐
- 타깃층의 관심도는 어느 정도인가? ☐

**〈목표는 무엇인가〉**
- 수익을 기대할 수 있는가? ☐
- 당장의 수익은 아니지만, 미래에 수익이 발생할 수 있는가?(비전) ☐
- 수익을 수치화하라. ☐
- 실현하는 미래는 언제인지 설정하라. ☐

**〈꾸준히 할 수 있는가〉**
- 생존 가능한 자금은 있는가? ☐
- 지지와 응원을 해줄 수 있는 사람이 있는가? ☐
- 멈추었을 때 마음을 해소해줄 수 있는 취미나 즐거움이 있는가? ☐
- 흔들려도 다시 돌아올 만큼 목표에 힘이 있는가? ☐

**〈성취하라〉**

# 내가 아니면 안 되는 것이 크리에이팅

 **가치를 부여하라**

'침대는 과학이다.'

침대는 무엇인가? 잠을 자기 위한 잠자리에 지나지 않는다. 그런데 위와 같은 멘트를 보면 어떤 생각이 떠오르는가? 흰 가운을 입은 연구원이 한 손에는 체크리스트가 쓰여진 서류판을 가지고 침대를 바라보는 모습을 떠올릴 수 있을 것이다.

그냥 잠자리로 생각했던 소비자는 기능에 집중하는 것이 아니라 가치를 생각하게 된다. 기능만 생각했을 때는 비싸 보이던 침대가 가치가 있다고 느껴져 다르게 보이는 것이다.

많은 사람들이 애플사의 전자제품을 산다. 가성비가 떨어짐에도 고집하게 되는 매력이 있다. 그냥 사용하는 전자제품이 아닌, 매끈한 디자인에 예술적 철학이 담긴 작품이라고 생각하면 어떨까? 사람들은 이미지와 가치를 소유하려고 한다. 그 가치를 소유함으로 자신만의 또 다른 동기부여를 해내는 것이다. 가치를 부여받음으로써 소비자는 좋은 가치를 소유하게 된다. 가치를 부여하고 그 가치의 혜택을 소비자들이 누리게 하라.

##  실체화되지 않으면 시체다

나는 꿈자리에 예민하게 반응하는 편이다. 길한 징조를 가지거나 기분 좋은 꿈은 침대 옆의 메모장에 바로 기록하고, 그 좋은 기운으로 하루를 시작한다. 그런데 어떤 날은 불쾌한 꿈을 꿀 때가 있다. 그럴 때는 메모를 하지 않고 그냥 침대에서 일어난다. 그날 잠들려고 누우면 그 기분 나쁘던 꿈은 온데간데없다.

우리는 어제도 오늘도 그리고 내일도 계속해서 번뜩이는 아이디어를 생각한다. 상상치도 못할 아이디어로 갑자기 혼자서 웃는 경험은 누구나 있을 것이다. 이 수많은 아이디어들이 한낱 꿈처럼 희미해지고 사라진다. 실체화가 이루어지지 않으면 더 이상은 나의 것이 아니다. 아이디어를 나의 것으로 가두기 위한 노력이 필요하다. 언제든 메모할 준비가 되어 있어야 한다.

메모패드를 책상에 하나, 침대에 하나, 식탁에 하나, 곳곳에 놔두었다. 그리고 스마트폰은 언제든지 메모를 쉽게 할 수 있게 삼성 노트를 사용한다. 시작은 아이디어를 가두려고 환경을 조성하는 것이다.

이 환경이 조성되면 아이디어를 언제든지 쓸 수 있으며, 더 새롭고 매끄럽게 크리에이팅할 수 있다. 자리에 앉아서 시간을 정해놓고 공부하듯이 아이디어를 쥐어짜내면 잘 나오지 않는다. 콘텐츠는 내 생활 속 곳곳에 숨어 있는 것이다.

아이디어만 잘 보유해도 크리에이팅은 쉬워진다. 실체화의 시작점이 되는 것이다.

어떤 것을 크리에이팅할 것인지 떠올렸는가? 머릿속으로 생각만 해도 즐거울 것이다. 이제는 보이지 않는 것을 실체화하라. 실체가 없으면 아무것도 아니다.

- 화장실에서 볼일을 보는 중 ☐
- 샤워하는 중 ☐
- 아침 출근 준비 중 ☐
- 신호를 기다리는 중 ☐
- 밥을 먹던 중 ☐
- 멍때리던 중 ☐
- 유튜브를 보던 중 ☐
- 빨래하던 중 ☐
- 잠을 자려고 눈을 감으려는 순간 ☐

| Tip ▶ | **아이디어 수집을 위한 점검**

- 펜과 메모지가 손만 뻗으면 있는가? ☐
- 아이디어를 저장해놓은 아이디어 노트가 있는가? ☐
- 스마트폰으로 쉽게 메모할 수 있게 설정해놓았는가? ☐

번뜩 떠오르는 아이디어가 크리에이팅으로 상품화된다면, 좋은 콘텐츠물이 된다면 얼마나 기쁠까? 이제는 그 아이디어를 실체화해 사람들에게 즐거움으로 나누자. 실은 누구나 다 떠올릴 수 있는 아이디어다. 아무리 엉뚱해 보이고 신박해 보여도 누구나 할 수는 있었다. 그러나 그것을 실현하는 힘을 가지는 것만큼 멋있고 위대한 일은 없다. 희미해져가는 콘텐츠를 실체화하자. 실체화로 시작해 가치 부여로 크리에이팅하자.

 ## 일함에서 유일함으로

무엇이든 처음 하는 일은 어렵다. 그렇기에 처음은 큰 것이 아니라 작은 것부터 차근차근해나가는 것이 중요하다. 작은 것에 집착하라는 것이 아니다. 큰 그림을 보고 퍼즐 끼우듯이 하나하나 꾸준히 일을 이어가라는 것이다.

어느 초등학교의 미술 시간이었다. 교사는 마음속에 생각나는 것을 그려보라고 했다. 아이들은 다양한 색깔의 크레파스로 평상시 좋아하는 캐릭터, 동물을 그려냈다. 그런데 유독 한 아이만 도화지를 검정 크레파스로 가득 채우는 것이다.

한 장에 그치는 것이 아니라 수십 장을 계속 그려냈다. 교사와 부모는 이상함을 느껴 그 아이를 정신병원에 입원시켰다. 나이가 지긋한 정신과 교수도 그 아이의 상태를 확인하고 어려워했다. 그러던 중, 아이의 책상에서 퍼즐 한 조각이 발견되었다. 함께 있던 의료진도 그림에 이상함을 느끼게 된다. 그러다 무언가 깨달은 의료진은 아이가 그린 도화지를 강당에 펼쳐보았다.

퍼즐처럼 하나하나 맞춰보니 거대한 고래가 나타난 것이다.

한 장, 한 장 그려나갈 때 아이는 무슨 생각을 했을까? 큰 그림을 떠올리며 한 장씩 그려나갔을 것이다. 우리의 일은 어떤가. 매일 아무것도 보이지 않고 평범하지 않은가. 그래도 목표를 가지고 때로는 평범하게 일을 해보라. 그리고 그렇게 일했던 것들을 모아 유일한 무언가를 크리에이팅하라.

 **나 아니면 누구도 할 수 없으리라**

6일간 유튜브 교육 프로젝트를 이끈 적이 있었다. 일정이 확정되기까지 우리가 준비할 수 있는 시간이 빠듯했다. 거기다 출장 시간도 굉장히 길었고, 다른 영상 프로젝트가 진행 중이었기에 시간적 여유가 너무 없었다.

진행 중인 영상 프로젝트를 그날 마무리하게 되면, 밤새 운전해 출장 장소에 도착해 바로 준비했고, 강의가 끝나자마자 다시 운전해 복귀해서 다음 출강 강사와 내용 확인과 일정 점검을 했다.

차에는 이불을 갖다두어 운전 중 잠이 오거나, 짬이 날 때마다 차에서 자곤 했었다. 그 와중에 운영 실패로 강사 간의 트러블도 생겼었다. 그렇게 6일간의 일정을 진행하는 중에 수많은 생각과 스트레스로 압박받는 기분이 들었다. 서럽게 느껴지기도 하고 도망가고 싶다는 생각도 들었다.

그래도 고개를 세차게 흔들어 다시 생각했다.

"나 아니면 누가 이것을 이끌 수 있을까?"

자부심으로 시작한 프로젝트는 바로 내가 할 수 있다는 믿음에서 시작한 것이다. 지금 이 순간에, 이 시점에, 이것을 마무리할 수 있는 사람은 이 세상에 단 한 사람, 나밖에 없다는 생각이 들었다. 그리고 이것을 이겨내보자고 스스로 다짐하고 다시 출장길에 노래를 부르며 움직였다.

프로젝트는 두 개 다 성공적으로 마무리해내었고, 더 큰 자신감을 얻었다. 수익은 물론이고, 나의 자신감과 성취감은 더 올라갔다. 그리고 내가 운영하는 회사의 인지도까지 얻었다.

스스로가 하는 일에 자부심과 자신감을 가진다면 그것이 바로 크리에이팅이다. 내가 떠올려 실체화해낸 콘텐츠는 내가 아니면 아무도 못 한다. 남이 만든 콘텐츠가 아니라 내가 만든 콘텐츠는 나만 할 수 있다. 나 자신을 크리에이팅해 만들어가보자. 자신의 모습을 직접 그려보는 것이다. 누구도 흉내 낼 수 없는 스스로의 자신감과 성취감 가득한 모습을 말이다.

 **나는 원래 잘하는 것이 있을까?**

신조어 중에 '부심'이라는 말이 있다. '자부심'이라는 단어에서 '자'가 빠지고 '부심'이라고만 말한다. 다양하게 표현되는데, 조금 과하다 싶은 자부심을 재미있게 표현한 것이다. 예를 들어, 군 생활에 대해 너무도 몰입한 나머지, 모든 것을 군대처럼 해결하려는 군 부심, 자신의 나이를 앞세워 해결하려는 나이 부심, 얼마 먹지도 못하면서 잘 먹는 척하는 먹 부심, 부산지역 사람들의 운전 부심, 대구 지역 사람들의 더위 부심, 강원도 사람들의 감자 부심 등등 재미있게 나이·지역 불문하고 다양한 자부심으로 나온다.

모든 사람에게는 각자의 믿음이 있다. '나는 운동 신경이 있어서 운동을 잘해'라고 하는 사람이 운동을 빨리 배울 수 있을까? 아니

크리에이팅

면 '나는 원래 운동을 못해'라고 하는 사람이 빨리 배울까? 당연히 운동을 빨리 배울 수 있다는 운동 부심을 부리는 사람이 빠르게 배울 것이다. 이러한 부심은 다시 자신감으로 다가오는 것이다.

그렇다면 출신과 상황에 따라 타고난다고 생각할 수 있다. 그러나 사람은 스스로 세뇌를 쇠뇌처럼 할 수 있는 능력이 있다.

**쇠뇌** : 연속으로 화살을 쏠 수 있는 무기

**세뇌** : 연속으로 드는 생각의 연장

사람의 뇌는 스스로 세뇌할 수 있다. 세뇌는 생각보다 자연스럽다. 우울감에 빠져본 적이 있는가? 누구나 한 번쯤, 아니 여러 번 우울감에 빠져본 적이 있을 것이다. 이 책을 읽는 당신도 말이다.

집안에 안 좋은 일이 일어났다든지, 헤어졌다든지, 중요한 무언가를 잃어버렸다든지, 여기서 오는 우울감은 또 다른 우울감으로 연속적으로 이어진다. 문제는 만성화된 생각이 자존감의 하락으로 이어지며, 매사에 지쳐 있는 모습이 된다는 데 있다. 그렇게 사람들과도 멀어지게 되고 또 다른 우울감을 불러내어 슬픈 상황이 계속된다.

그럼 반대로 "잘될 것 같다", "나는 될 놈이야", "잘할 수 있다"는 말을 무한 반복하면, 다시 말해 그런 긍정적인 언어로 스스로를 세뇌하면 어떻게 될까? 사람의 뇌는 신기하게도 정말 잘되는 것처럼 상황이 변해간다. 왜냐하면 좋은 일에 집중하고 나쁜 일은 빨리 잊어버려서 삶이 좋은 일로 가득한 기분으로 느껴지는 것이다.

그러다 보면 좋은 일로 세뇌되어, 하는 일도 강력한 화살을 쏘는 쇠뇌처럼 연속적으로 나갈 것이다. 그 자신감으로 하면 뭔들 못할까? "나는 원래 잘해"라고 외쳐보자. 그게 어렵다면 "나는 원래 잘할 수 있어", "잘 모르지만, 하고자 하면 금방 배워", "느려도 나는 끈기가 있기 때문에 끝을 봐"라는 말들로 말이다.

| 좋은 말 | 가볍게 좋은 말 |
|---|---|
| · 내가 가는 곳이 곧 길이다. <br> · 나는 정말 잘하는 사람이야. <br> · 나는 뭐든 빨리 배울 수 있는 사람이야. <br> · 내가 극복해야 할 산이고 헤쳐나갈 자신이 있어. <br> · 슬퍼할 겨를이 없어 슬퍼만 하다가는 행복할 타이밍을 놓치거든. <br> · 열심히 살아준 어제의 나에게 고맙다. <br> · 세상에 즐거운 일이 얼마나 많은데, 하고 싶은 일도 많고…. <br> · 이 모든 것은 나를 위한 세상이야. <br> · 이 멋진 드라마는 나의 것! | · 좋아! <br> · 좋은데? <br> · 역시 럭키! <br> · 액땜 제대로 했네! <br> · 역시 나란 녀석! <br> · 멋지다! <br> · 신난다! <br> · 재밌네! <br> · 하나님에게 감사. <br> · 나에게 고맙다. |

"믿고 이루어라."

크리에이팅

# 04 무자본, 고소득이 진정한 크리에이팅이다

 **무자본으로 시작하라**

고 퀄리티의 영상미, 음향효과를 가지고 있음에도 구독자 수나 조회 수를 올리기란 정말 쉽지 않다. 그런데 엄청난 구독자 수를 모으고 있는 '띠예'라는 유튜버를 아는가?

도대체 유튜버 '띠예'는 얼마나 좋은 영상과 음향을 사용했기에 유명 유튜버로 이름을 올릴 수 있었을까? '띠예' 유튜버 채널의 영상을 열어보자. 어떤 음향 장비를 사용하고 있는가? 어떤 영상 장비를 사용하고 있는가?

유튜버 '띠예'는 스마트폰을 사면 기본으로 제공해주는 벌크 이

어폰을 끼고 유튜브 진행을 하고 있다. 특별한 효과 없이 기본 이어폰과 스마트폰 카메라로 촬영했다. 그리고 영상 편집은 스마트폰 애플리케이션으로 간단한 편집을 통해 만들어졌다. 제대로 된 음향 장비를 사려면 적게는 몇만 원에서 많게는 수십만 원에 이른다. 카메라나 캠코더도 성능마다 차이는 있지만, 기본적으로 비싸다. 유튜버 띠예는 그냥 기본 이이폰, 그리고 스마트폰으로 촬영했으니 무자본으로 시작했다고 볼 수 있다.

자본과 노동력은 무언가 창출해내기 위해서는 꼭 필요한 것들이다. 자본이 없는가? 그렇다면 노동력은 가지고 있을 것이다. 무엇이든 해보아라.

 **덕질은 최고의 자본**

취업 전쟁에 질려 도망치듯이 집으로 들어와 비디오 대여점으로 가서 비디오를 빌려 몇 번이고 돌려본다. 나가 죽으라는 엄마의 날카로운 말은 다섯 개짜리 요구르트로 털어 넘겨버리고, 내 몸도 그대로 드러눕는다. 그러다 한 손에 잡히는 만화책을 열어 영화와는 또 다른 맛으로 빠져든다. 엄마의 등짝 스매싱에 얼얼했던 등짝도

크리에이팅

차가운 방바닥에 식어가며 내 머리는 다시 불타오른다. 이렇게 살다가 가도 지금은 좋다.

'오덕후', '덕밍아웃', '덕질'이라는 말이 있다. '오덕후'는 일본어의 '오타쿠(おたく)'에서 온 말로, 무언가에 열중하는 사람이라는 의미를 가졌다. 이 단어는 몇 년 전만 해도 부정적인 의미로 통했다. 집에만 틀어박혀 자기가 좋아하는 것에만 집착하는 것으로 보았기 때문이다.

그러나 지금은 다르다. 집에 틀어박혀서 자기가 좋아하는 것에만 집착하게 된다는 것은 몰입할 수 있고, 그것에 대한 정보를 깊숙이 이해할 수 있음을 뜻한다. 집에서도 자신이 몰입한 것을 크리에이팅해 유튜브에 올려 세상과 소통할 수 있는 시대가 온 것이다.

불과 몇 년 전만 해도 불필요한 행동이라고 여겨왔던 것들이 이제는 자본이 되는 것이다. 집에 틀어박혀서 크리에이팅이라는 것을 얹었을 뿐인데, 사람들이 대접을 해주기 시작했다. 제작사는 영화를 보고 리뷰해달라고 돈도 주기 시작한다. 집에서 틀어박혀 영화만 보는 사람을 이제 한심하게만 바라볼 수 없다. 영화 리뷰어가 되어 유튜브 시장을 주도하지 않는가?

**없는 것을 있는 것으로**

사람들은 머릿속에 많은 것을 상상해낸다. 여기서 조금 더 진보한 사람은 메모를 한다. 메모를 습관적으로 하는 것은 좋다. 그러나 메모를 세상 밖으로 꺼내는 용기가 필요하다. 아이디어 북을 만들어서 계속 써보자.

웹툰 시장에 많은 만화작가들이 등장했다. 다양하고 멋진 퀄러티를 지낸 작가부터, 엄청난 세계관으로 스토리의 즐거움을 주는 작가들이 있다. 수많은 웹툰 작가들은 습작을 그려낸다. 틈틈이 메모하듯이 작은 그림부터 큰 그림까지 다양하게 그려낸다. 그 그림들은 다 세상 밖으로 나왔을까? 아닐 것이다. 엄청난 작품임에도 나오지 못한 것도 많을 것이다.

좋은 아이디어를 떠올리고 이야기 나누는 일은 정말 신나는 일이다. 그러나 현실화해낼 용기가 있는지 물어보면 선뜻 머뭇거린다.

"아주 멋진 아이디어로 특허를 내고 싶다."
"나의 특별한 여행 경험을 책으로 써내고 싶다."
"상품에 대한 독특한 해석으로 주목을 받아 뜨는 유튜버가 되고

크리에이팅

싶다."

　누구나 할 수 있는 생각이다. 누구나 기획도 할 수 있다. 그러나 세상 밖의 빛을 보지 못하면, 아무 소용이 없는 것이다. 아무리 좋은 물건이라도 창고에 먼지만 가득 머금은 채로 방치되면 아무런 도움이 안 된다. 좋은 물건을 아끼지 마라. 꺼내서 사용해보아라.

　언제 작성한 것인지, 떠오르는 핵심 타이틀이 무엇인지, 어떤 내용을 적을 것인지, 결론인 주제가 무엇인지 네 가지를 메모하자. 시간적 여유만 된다면 다른 것도 구상하고, 추가적으로 메모한다면 더욱 좋다. 그러나 메모만 할 수 있는 상황이라면 딱 네 가지만 하자. 다른 것은 나중이어도 좋다.

| | |
|---|---|
| 언제 | |
| 타이틀 | |
| 내용 | |
| 주제 | |

# PART 04

# 자세가 크리에이팅을 이룬다 통합적 분석

**01** 제일 친한 사람이 나의 크리에이팅을 제일 무시한다

**02** 결과의 점수는 내가 매긴다

**03** 아무도 따라하지 못할 절대적 크리에이팅을 하라

**04** 새 시대를 여는 자

**05** 비즈니스 이미지로 크리에이팅하라

# 01
## 제일 친한 사람이 나의 크리에이팅을 제일 무시한다

 **가족도 예외는 아니다**

어릴 적, 아버지에게 아버지의 모습을 그린 그림을 보여주었다. 그림 실력이 어떠냐고 물으면, 세상 다정한 모습으로 "우리 아들 화가 해도 되겠는데?"라고 하셨다. 그러나 지금 그림을 그려 화가 하는 것이 어떠냐고 여쭤보면 어이없다는 표정으로 "너 때문에 화가 난다"라는 소리를 들을 수 있다.

우리는 나이에 맞게, 성향에 맞게, 수준에 맞게 살아야 한다. 조금 더 수익이 나서 높은 행복감을 가지며 특별하게 살기 위해 크리에이팅을 하겠다고 선언하고, 가족들도 모르는 생소한 것을 개척해나간다고 하면 어떨까? 다양한 반응들이 나올 것이다.

선언해보자. 그리고 반응을 살펴보자. 가족이 당신을 얼마나 사랑하는지 이 반응으로 알 수 있다. 다양한 반응으로 말릴 것이다. 사랑하기에 말리는 것이다.

실패를 바라는 것만 같아 서운할 수 있다. 그러나 그들은 크리에이팅을 해내고자 하는 크리에이터와는 엄연히 다른 사고방식을 가지고 있는 사람이다. 그들의 삶 속에 쌓아온 성공의 비법은 크리에이팅과 거리가 있다. 과거의 성공 방식에 익숙한 그들에게 새로운 성공 비법인 크리에이팅이 잘될 거라고 억지로 설득해봐야 득이 될 것이 없다. 그럴수록 서운함만 늘어간다.

그렇다면 가족이 아니라 사랑을 나누는 사이인 연인이나 배우자는 어떨까? 보통 성공을 주제로 한 드라마를 보면, 멋진 기업가들 옆에는 아름답고 강단 있게 지지를 해주는 연인이 등장한다. 그러나 현실에도 그런 사람이 있을까?

'사업병'이라는 말이 있다. '사업'이라는 말과 '병'이라는 말을 합성해 나온 말이다. 딱 보아도 부정적인 어감인데, 이 키워드를 찾아보면 아래와 같은 내용을 확인할 수 있다.

"사업병 걸려서 허세가 장난이 아닌데, 헤어질까요?"

"결혼 후 사업병에 걸려 번듯한 직장을 나온다고 하는데, 어떻게 해야 하나요?"

"어린 것이 무슨 바람이 들었는지 사업병에 걸려서 집안을 말아 먹을 작정이냐?"

때로는 숨길 필요가 있다. 모든 것을 오픈해서 상처를 받는 일은 없도록 하자. 크리에이팅으로 남들에게 인정받을 수 있는 궤도에 오를 때까지 인정받으려고 하지 말고 숨기자. 원래 초기의 크리에이터는 외로운 게 정상이다. 지금도 '직장인 2대 허언'이라고 하면서 유튜브할 거라는 말을 우습게 본다. 참고로 나머지 하나는 퇴사하겠다는 말이다.

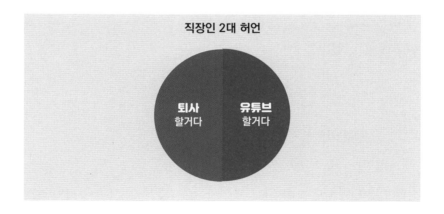

봉준호 감독의 영화 〈기생충〉은 미국 아카데미 시상식에서 우리나라 최초로 최우수 작품상을 수상하는 멋진 일을 해냈다. 봉준호 감독은 힘들고 외로운 작업에도 응원해준 아내가 있었기에 해낼 수 있다고 했다. 그렇게 아내와 아들이 부둥켜안고 눈물을 흘리는 모습은 우리에게 너무나도 아름답고 큰 감동을 주었다. 가장 가까운 곳에서 꿈을 지지해주는 사람만 있다면 얼마나 행복하고 좋을까?

진심으로 움직여보자. 처음부터 선언하라는 것이 아니다. 진심을 다해 세상의 마음을 움직여보자. 그렇게 움직인다면 세상이 세상에서 가장 값지고 멋진 사람을 붙여줄 것이다. 나 또한 그런 사람이 있다. 이 책을 읽어주는, 이 책을 열어준 여러분들이다. 이 세상에는 존재조차 고마운 사람들이 많다. 가족, 친구, 동료들, 그리고 세상 사람들. 그들은 세세한 도움을 주지 못하지만, 마음속으로 응원한다. 확신한다!

 ## 혼돈의 카오스? 코스모스!

카오스라는 말은 다양하고 깊이가 있는 말이다. 그러나 간단하게 카오스라는 말을 '혼돈', '불안정', '정신없음'이라고 보기도 한다.

이것을 요즘 말로는 '멘붕(멘탈 붕괴의 준말)'이라고도 할 수 있다.

크리에이터를 시작하면 감정의 기복부터 수익까지 그 그래프가 들쭉날쭉하기도 하고, 떨어지기도 하며, 그러다 보면 감정의 카오스에 도달하게 된다. 혼돈에 빠져 허우적대는 자신의 모습에 두려워 크리에이팅을 그만둔다. 살고 싶어서 벗어나는 것이다. 하지만 다시 돌아갈 수 있을까?

코스모스라는 말이 있다. 이것 역시 우주공학을 하는 사람에게는 익숙한 단어이기도 한데, 쉽게 말해 '규칙적', '정돈' 등으로 이해하면 될 것이다. 이 코스모스와 카오스의 관계는 흥미로운데, 카오스의 연속이 계속해서 일어나고 그것을 모아 멀리서 보면 규칙적인 모양, 그리고 안정된 모습이 보이는 것이다.

인생에도 기복이 있지 않은가? 많은 사람들의 인생을 들여다보면 꽤 비슷한 부분을 발견할 수 있을 것이다. 이것을 멀리서 본다면 규칙적이고 안정된 모습을 찾아낼 수 있을 것이다. 눈앞에 보이는 기복을 보지 말고 더 깊이, 더 높이, 더 멀리 자신의 크리에이팅을 바라보는 것은 어떨까? 크리에이팅에서 아주 멋지고 아름다운 코스모스꽃을 찾아보는 것이다.

## 역전의 용사 언더독

### 첫 번째 언더독

덩치가 큰 개와 덩치가 작은 개가 싸우고 있다. 한눈에 보아도 체급 차이가 많이 나 보였다. 지나가는 사람들은 당연한 결과를 예상하며 아무렇지 않게 생각하고 지나간다. 큰 개는 가볍게 작은 개를 눌러 제압 후 자기 갈 길을 가고 있는데, 흙투성이가 된 작은 개가 다시 크게 짖는다. 그렇게 몇몇 사람이 호기심 있게 작은 개를 쳐다보고, 어떤 사람은 폰을 꺼내 촬영까지 한다. 흙구덩이에 몇 번을 굴러도 다시 일어서서 큰 개를 이기려고 하는 모습을 보더니 어떤 사람은 "힘내"라고 외치기까지 한다. 그러다 큰 개가 귀찮게 굴어서 피곤하다는 표정으로 빠르게 도망을 간다. 그 모습을 본 사람들은 환호성까지 지른다. 그렇게 SNS를 통해 세계 여러 곳곳에 퍼져나가고 많은 사람들에게 감동을 주었다.

### 두 번째 언더독

덩치가 큰 개와 덩치가 작은 개가 싸우고 있다. 한눈에 보아도 체급 차이가 많이 나 보였다. 지나가는 사람들은 당연한 결과를 예상하며 아무렇지 않게 생각하고 지나간다. 큰 개는 가볍게 작은 개를 눌러 제압 후 자기 갈 길을 가고 있는데, 흙투성이가 된 작은 개가

크리에이팅

다시 크게 짖는다. 그렇게 몇몇 사람이 호기심 있게 작은 개를 쳐다보고, 어떤 사람은 폰을 꺼내 촬영까지 한다. 흙구덩이에 몇 번을 굴러도 다시 얼어서 큰 개를 이기려고 하는 모습을 보더니 어떤 사람은 "힘내"라고 외치기까지 한다. 그러나 작은 개는 지쳐서 몸을 바둥거리다가 꼬리를 내리고 우는 모습을 보였다. 그 모습을 본 사람들은 감정이 이입되었는지 안쓰러운 모습으로 쳐다본다. 그렇게 SNS를 통해 세계 여러 곳곳에 퍼져나가고 많은 사람들에게 감동을 주었다.

유튜버는 초기에 어수룩한 모습, 열악한 촬영 여건, 그리고 아쉬운 편집에도 자신의 콘텐츠를 세상에 나누기 위해 도전한다. 대형 방송사의 여러 가지 좋은 콘텐츠가 있음에도 말이다.

처음에는 겁을 많이 먹는다. '내가 이것을 나누어줄 자격은 있는 걸까?', '내가 할 수 있을까?', '나 따위가?'라는 생각을 한다. 그렇게 용기를 내서 콘텐츠를 올렸는데, 콘텐츠 같지도 않은 것을 올렸다며 욕을 하고 전문가를 자처하는 사람들이 등장해서 도움이 안 되는 댓글들을 단다. 상처만 많이 받고 크리에이팅을 접게 된다.

나는 진심으로 그 전문가라고 지칭하는 사람들에게 한마디하고 싶다.

"싫으면 네가 유튜브를 해라!"

진정으로 자신의 지식을 사랑하는 사람이라면 그런 말이 안 나온다. 오히려 응원할 것이다. 자신이 아는 지식을 세상의 더 많은 사람들에게 누리게 해줘서 고맙다고 할 것이다.

크리에이터는 세상에 덤비는 작은 개와 같다. 투지와 끈기, 용기없이 그냥 패배했다면 그저 큰 세상에서 잊히게 되는 결과만 남지 않을까. 큰 세상을 향해 싸워라. 그냥 싸우다 쉽게 포기한다면 세상 그 누구도 당신을 보지 않을 것이다. 그러나 다시 일어서서 세상과 싸운다면 어떨까? 결과에 상관없이 세상은 진심이 가득한 당신을 향해 환호할 것이다.

# 결과의 점수는 내가 매긴다

**02**

 **기준은 누구에게 있는가?**

**학생** : "아버지, 어머니! 하라는 대로 했잖아요! 원하는 공부 다 했잖아요. 이제 제가 살고 싶은 대로 살면 안 되나요? 제가 하고 싶은 대로 살고 싶어요!"

**아버지** : "호적에서 파버릴 테니, 그렇게 알아! 당장 나가!"

**어머니** : "여보! 그만해요. 딸! 아버지한테 그렇게 말하면 못 써! 당장 사과하고 명문대학교 명문학과 들어가. 내 친구한테 얼마나 네 자랑을 했는데, 내 체면이 어떻게 되니? 어서 들어가! 안 들어가?"

**학생** : "그냥 집 나갈래요. 그동안 고마웠어요."

영화나 드라마의 단골 소재로, 지나친 교육열의 부모 밑에 삐뚤어지는 학생 이야기가 등장한다. 여기서 공부하는 학생은 자신의 기준이라는 것이 처음부터 없었다. 그저 부모가 정해놓은 기준만 생각하고 열심히 공부한 것이다. 부모님 입장에서는 값진 성취일지 모르겠지만, 학생 입장에서는 언젠가 벗어나고 싶은 족쇄와 같은 것이 되어버렸다.

이 이야기가 남의 이야기인가? 혹시 이 나라를 살아가는 우리들의 이야기는 아닌지 생각해봐야 한다.

| 남자 | 나이 | 여자 |
|---|---|---|
| 병원에서 태어나 남들 다 가는 유치원을 거쳐 초등학교에 간다. | ~10대 | 병원에서 태어나 남들 다 가는 유치원을 거쳐 초등학교에 간다. |
| 중·고교를 거치며 입시 지옥을 맛본다. 대학을 가거나 취업을 준비한다. | 10~20대 | 중·고교를 거치며 입시 지옥을 맛본다. 대학을 가거나 취업을 준비한다. |
| 군대를 다녀온다. 취업을 준비한다. | 20~30대 | 취업을 준비한다. |
| 취업해야 한다. 결혼해야 한다. 아이를 건강하게 키워야 한다. 직장 생활의 안정을 가져와야 한다. | 30~40대 | 취업해야 한다. 결혼해야 한다. 아이를 낳아야 한다. 아이를 건강하게 키워야 한다. 직장 생활의 안정을 가져와야 한다. |
| 집 대출을 어느 정도 갚아야 한다. 차를 큰 것으로 바꿔야 한다. | 40~50대 | 집 대출을 어느 정도 갚아야 한다. |
| 아이를 좋은 학교에 보내야 한다. 아이를 좋은 직장에 취직시켜야 한다. | 50~60대 | 아이를 좋은 학교에 보내야 한다. 아이를 좋은 직장에 취직시켜야 한다. |

크리에이팅

앞의 표는 2020년 기준 남자와 여자의 일반적이고, 평범한 삶을 간략하게 기록한 것이다. 나이에 따라 해야 할 것들이 바뀌어간다. 이 삶이 행복하고 즐거운 삶 중의 하나일 수 있다. 그런데 누군가의 강요에 의해서 진행되는 삶이라면 어떨까? 부모가 강요하는 삶, 선생님이 강요하는 삶, 국가가 정해놓은 삶이라면 어떨까? 물론 성취감이 올 수는 있다. 그런데 목표에 도달하지 못한다면 어떨까? 스스로의 기준이 아니라, 누가 정한 기준이라면 말이다. 오는 성취감이 확실하다면 인생은 성공한 것과 다름없다. 그러나 남이 하니까, 부모가 시켜서, 해야 할 것 같아서 저렇게 살아간다면, 그 순간에 행복은 있어도 진정한 행복일까? 내 기준에서 선택해서 진행되는 삶이 아니라, 갇혀 있다면 말이다. 저 틀의 삶 속에도 선택의 여지가 있다면, 그것이 행복한 삶이지 않을까?

**학생** : "아버지, 어머니! 하라는 대로는 못 하겠어요. 제가 하고 싶은 것을 공부하며 살고 싶어요. 명문대학교 명문과가 아닌, 꿈 대학교의 꿈 학과로 지원할 거예요. 이제 제가 살고 싶은 대로 살면 안 되나요?

**아버지** : "호적에서 파버릴 테니 그렇게 알아! 당장 나가!"

**어머니** : "여보! 그만해요. 딸! 아버지한테 그렇게 말하면 못 써! 당장 사과하고 명문대학교 명문학과 들어가. 내 친구한테 얼마나 네 자랑을 했는데 내 체면이 어떻게 되니? 어서 들어가! 안 들어가?"

**학생** : "그 방법도 좋은 방법이에요. 하지만 저는 선택했어요. 제 꿈을 위해서요. 실망시켜드린 거 알아요. 그래도 제 인생이에요. 더 열심히 살아서 성공해서 아버지, 어머니를 위해 사는 것이 아닌, 저 자신에게 자랑스러운 딸이 될 거예요. 그런 모습으로 아버지, 어머니 앞에 설 거예요. 한 번이라도 도전해볼 거예요!"

**아버지** : "나가."

꿈을 향해 나가 보자.

 **의무감과 열등감은 도움이 된다?**

학창 시절, 의무적으로 하는 공부는 지겹기 그지없었다. 학생이라는 이유로 의무를 다하기 위해 공부를 해야만 하는 것이 정말 싫었다. 그렇다면 크리에이터라는 이유로 의무를 지키기 위해 한다면 어떨까?

누군가가 정해놓은 크리에이터의 조건을 갖추기 위해 검색을 한다. 정해진 틀로 들어간다. 그렇게 정해진 틀 속에 스스로를 가두면 만족할까? 약간의 도움은 될 수 있다. 그러나 꿈을 의무감으로 가두는 순간, 추진력을 잃어버리게 된다.

또 경계해야 할 것이 바로 열등감이다. 많은 사람들이 열등감은 꿈을 이루기 위한 동력이라고 생각한다. 물론 동력은 맞지만, 핵심 동력은 아니다. 부수 동력으로 도움을 줄 수 있을 뿐, 핵심 동력으로 들어가면 절대로 안 된다. 꿈자리를 열등감이 차지하게 된다면 원하는 결과를 성취했다고 해도 열등감이라는 감정 때문에 행복해질 수가 없다. 열등감 해소를 위해 성취한 결과가 기쁠까? 아니면, 꿈을 위해 성취한 결과가 기쁠까?

마차를 운전할 때, 마차 바퀴 자국을 따라가는 것은 남들이 다니는 정해진 길과 같다. 다시 말해 편한 길이지만, 의무처럼 행해지면 흥미를 잃는다. 그리고 나만의 마차 바퀴 자국을 남길 수 없다.

열등감은 날카로운 채찍과 같아서 빨리 달리게 할 수는 있으나,

말에게 상처를 입힌다. 반면 꿈은 길을 잃지 않게 해주는 밤하늘에 빛나는 북극성과 같다. 꿈을 바라보며 의무감과 열등감을 적당히만 이용하자. 정해진 길만 보지 말고 북극성의 축복을 받으며 새로운 길을 개척해보자!

 ## 성취 기준 찾기

자신만의 성취 기준을 마련해놓는 것이 좋다. 꿈은 자신의 것이다. 꿈이 작다고 해서 어느 사람도 비난할 자격은 없다.

| Tip ● | 성취 기준

- · 해낼 수 있는 수치인가? ☐
- · 결과에 대해 자신이 있는 수치인가? ☐
- · 타인의 조롱에도 흔들리지 않을 수 있는 수치인가? ☐
- · 성취했을 때, 온전한 행복감을 느낄 수 있는 수치인가? ☐

옆집 친구가 1등을 했지만, 내가 30등 안에 들어서 행복하다면 그만인 것이다. 또한, 내 동생이 5등을 했지만, 내가 50등 안에 들어서 행복하다면 그만인 것이다. 그렇다고 계속해서 만족하고 가만히 있으라고 하는 것은 아니다. 자신의 가능성을 보라. 자신의 성취 기준에 맞게 100등을 성취했다면 다음은 99등이 되어보고, 다음에는 50등이 되어보고, 차근차근 자기가 행복감을 느낄 수 있는 수치를 향해 계속 나아가자는 것이다. 크리에이팅하라.

# 03

# 아무도 따라 하지 못할
# 절대적 크리에이팅을 하라

 **자신만의 세계를 열어보라**

"땅콩 많이 넣어주세요."

어린 시절, 단골 치킨 매장에 전화로 저렇게만 말하면 우리 집에 양념치킨 한 마리가 배달되었다. 그렇게 해서 먹는 치킨은 얼마나 맛있는지 아직도 기억이 생생하다. 그때의 양념에서 자연스럽게 흘러나오는 마늘향에 땅콩의 고소한 느낌이 어린 시절의 수많은(?) 고뇌를 한방에 털어버리기엔 더할 나위 없었다.

이제는 치킨 주문을 할 때 전화보다 애플리케이션으로 많이 주문

한다. 예전에는 어떤지 알기 위해서는 직접 먹어보거나 이웃의 평가를 들어야만 했다. 그러나 이제는 애플리케이션으로 다양한 주문 정보부터 리뷰까지 많은 정보를 쉽게 확인해 몇 번의 터치로 주문할 수 있게 되었다. 스마트폰이 출현하고 나서 모바일 주문이 생겨날 것이라는 생각은 하고 있었지만, 이렇게 생겨난 배달 앱들이 활발하게 영역 확장을 할 줄 몰랐다.

기능적으로 따지면 똑똑한 전화센터에 지나지 않을 것이다. 하지만 다양한 캠페인, 행사를 펼치며 영역을 확장하고 있다. 참신하고 재미있는 문구를 뽑아 배달 음식 소비자들에게 식사와는 다른 또 다른 즐거움을 선사한다. 배달 앱을 만들어낸 대표는 머릿속에 자신만의 세계를 열어 그곳에서 실현되는 것들을 먼저 보았을 것이다.

자신의 세계를 꿈꿔라. 하늘을 나는 자동차가 가득한 도시가 떠오르는가. 그들의 생활을 들여다보아라. 자신만의 세계를 열어 어떤 것을 크리에이팅하면 실현해낼 수 있을 것인지 말이다.

## 리미티드 에디션

'리미티드 에디션' 하면 어떤 생각이 떠오르는가? 처음부터 리미티드 에디션일까? 잘나가는 기업은 다음과 같은 방식으로 판매한다.

---

**• 말도 안 돼? 그렇게 해도 돼! 식초치킨 출시!**
식초치킨을 출시한다. 양념치킨과 간장치킨에만 지쳐 있던 소비자들이 먹기 시작한다.

**• 특별 리미티드에디션 식초치킨 세트, 한정판 식초도넛에 퍽퍽 살을 꽂아 먹으면 신선이 따로 없다!**
다른 업체들도 식초치킨과 비슷한 것을 따라 하는 경우도 생기고, 대체재가 많으니 구매율이 떨어진다.
식초치킨에 기한을 정해놓은 식초도넛을 세트로 판매한다. 물론 식초치킨을 구매할 때만 추가 주문할 수 있다. 유튜브와 블로그에 후기가 넘쳐나서 궁금증을 유발하게 한다. 그리고 많은 사람들이 인스타로 인증샷을 날린다.

**• 빠른 치킨! 식초치킨을 1+1으로 즐겨라! 오후 4시부터 재고 소진까지!**
판매율이 떨어져 치킨이 남아돌기 시작한다. 그래서 1+1으로 재고 소진을 할 수 있게 빨리 많이 판매한다.

---

크리에이팅

**• 여보세요? 너니? 돌아온 식초치킨, 그때 그 갬성의 맛**

재고 소진과 함께 인기가 시들해져 단종시켰던 식초치킨을 그리워하는 사람들의 요청에 못 이기는 척 한참 후에 식초치킨을 부활시킨다.

**• 국가대표 축구단 식초치킨 브랜드 후원 기념 기념품 증정**

축구가 있는 날이면 식초치킨의 브랜드 후원과 파격적인 행사로, 축구만 보면 식초치킨이 떠오르게 한다. 그렇게 국민 간식이 되고, 방송에서는 익숙하지 않은 외국인이 시식 후 일그러지는 모습을 보며 즐긴다.


기업은 처음 상품을 판매할 때, 가만히 있지 않는다. 세상은 워낙 빠르기 때문에 소비자의 마음을 홀릴 수 있는 다양한 방법을 구사한다. 사기처럼 보이는가? 많은 사람들이 기업 판촉 변화 형태에 또 다른 즐거움과 행복을 가진다. 그리고 리미티드를 한 번만 언급한 것일까? 아니다. 전부 다 리미티드다. 소비자에게 특별함을 누리게 하라.

## 새 시대를
## 여는 자

**04**

 **지금은 유튜브의 시대?**

유튜브에 대한 강의 문의가 많이 들어온다. 대세긴 대세다. 어린 아이부터 나이 지긋한 어르신까지, 다양한 연령, 다양한 직업의 많은 사람들이 유튜브에 대해서 묻는다. 나는 다시 이런 질문을 던진다.

"유튜브는 영원할까요?"

약간 머뭇거리다가 아니라고 답한다. 그러면 나는 다시 질문한다.

"그럼 유튜브는 지금 블루오션일까요?"

이런 질문을 받은 사람들은 의견이 나뉜다. 많은 스타 유튜버들이 이미 자리하고 있기 때문에 레드오션이라고 여기는 사람이 있고, 새로운 유행에 따라 얼마든지 새롭게 뜨는 유튜버가 등장할 수 있다고 이야기하기도 한다.

유튜브는 영원할까? 몇 년 전, 스마트폰을 처음 사고 페이스북을 처음 설치했을 때 신세계를 경험했다. 다양한 콘텐츠가 넘쳐났고 시간 가는 줄 몰랐다. 그런데 지금은 어떠한가? 여전히 영향력을 뿜어내고 있지만, 예전 같지 못하다. 세상이 요구하는 플랫폼의 변화가 생긴 것이다.

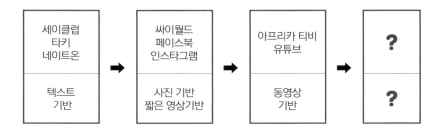

세이클럽 타키나 네이트온으로 쪽지를 소통했다. 멋진 아바타에 대화창이 아닌 쪽지로 주고받는 방식이었는데, 의사소통에 전혀 불

편함이 없었다. 스마트폰이 일상이지 않았던 때라 대화를 하기 위해 빨리 집으로 달려가 컴퓨터를 켜야만 했다. 그럼에도 불편함은 없었다. 휴대전화 문자메시지로도 가능했기 때문이다. 그런데 요금 제한이 있어 메시지도 신중하게 보내야 했다. 지금이야 아무렇게 카카오톡을 하지만, 그때는 월 메시지 100건, 200건과 같이 제한이 있었기 때문에 메시지를 낭비하지 않게 노력했다. 이때 데이터 소통 방식은 텍스트였다.

그러다 얼마 지나지 않아 미니홈피를 꾸미며 사진첩을 공유할 수 있는 싸이월드가 뜨기 시작했다. 예전부터 있었지만, 일촌 열풍을 불러내며 미니홈피에 사진을 올려 서로의 추억을 공유하기 시작했다. 이후 페이스북이 등장했고, 인스타가 등장하면서 텍스트로 소통하던 방식이, 사진을 보며 소통하는 방식으로 변해갔다. 사진 플랫폼이 활성화되더니 UCC 열풍이 불기 시작했다. 사진에서 영상으로 소통하는 것으로 시대가 변해가는 것이었다. 그러나 UCC는 갑작스럽게 사장되었다. 동영상을 쉽게 올리고 소통할 수 있는 통신 환경과 장비가 주어지지 않았기 때문이다.

그러다 스마트폰이 활성화되더니 영상도 쉽게 볼 수 있는 시대가 되었고, 통신의 발달로 라이브 동영상 시청 플랫폼인 아프리카 티비가 급부상했다. 그러더니 유튜브가 뜨기 시작하면서 현재의 SNS는 유튜브가 주름잡게 되었다. 이전의 UCC와는 다르게 수익화도 할 수 있고, 개개인이 영향력을 가질 수 있게 채널을 만들어 전 세계 사람과 소통할 수 있게 되었다.

유튜브는 블로오션이건 레드오션이건 지금으로선 최고의 플랫폼인 것은 틀림없다. 그럼 다시 물어보겠다.

"유튜브는 영원할까요?"

 ## 전통 관통하기

세상의 모든 것은 변한다. 앞서 언급한 플랫폼 시장도 변했다. 물론 아직도 유효하기는 하다. 또 반대로, 어떻게 다시 뜰지도 모를 일이다. 그럼에도 불구하고 기존의 틀을 깨뜨려야 한다. 2G 폴더폰에 자신의 삶을 맞춰 움직였다면, 스마트폰을 잘 사용해 시대를 읽어낼 수 있을까? 우리 할머니는 수화기를 들고 쓰는 집 전화기가 아직도 편하다고 하신다. 그렇다고 우리가 그러고 앉아 전화를 기다리고 있으면 안 된다.

일반적인 사람은 신제품이 나오면 그것을 배우고 즐긴다. 그러나 새 시대를 여는 사람은 신제품이 나오기 전부터 예측한다.

예측하는 방법은 그렇게 어렵지 않다. 현재의 것과 과거의 것을 자세히 관찰하는 것이다. 무엇이 변했는지, 어떤 주기로 새로운 것을 추가했는지. 그러다 보면 흐름이라는 것을 읽어낼 수 있을 것이다. 다음 흐름에 등장하게 될 것을 좀 더 흥미롭게 기대할 수 있다.

# 05

# 비즈니스 이미지로
# 크리에이팅하라

 **비즈니스의 기본은 신뢰**

매번 늦게 도착하는 친구에게 중요한 부탁을 할까? 일찍 도착하는 친구에게 중요한 부탁을 할까?

신뢰 관계는 매우 중요하다. 신뢰가 얼마나 쌓여 있는지에 따라 일의 진행 속도가 달라진다. 그뿐만 아니라 주어지는 일의 무게가 달라진다. 당신이 높은 사람이라면 어떤 사람을 시키겠는가? 반대로 당신이 부하 직원이면 어떤 상사와 일하고 싶은가? 다시 한번 물어보자. 어떤 모습으로 크리에이팅을 하고 싶은가?

**신뢰 쌓는 방법은 어렵다?**

물건도 똑같다. 신뢰가 가는 브랜드에서 제품을 생산한다면, 어느 정도의 불편은 감수한다. 신뢰가 가는 물건은 비싸지만, 그만 한 가격을 감수한다는 것이다.

예를 들어, 노트북을 사려고 한다. 그럴 때 무엇을 먼저 볼까? 성능도 성능이지만 가격을 많이 본다. 대기업에서 생산한 노트북과 중소기업에서 생산한 노트북을 비교하다가 가격을 보고 중소기업 노트북을 선택한다.

그럼에도 불구하고 많은 사람들은 대기업 노트북을 구매한다. 왜 그럴까? 대기업에서 만든 노트북이라 하면 초기 불량률도 적을 것이고, A/S 걱정도 덜할 것이라는 믿음이다. 그리고 초기 불량이면, 대량 리콜 사태가 벌어질 것이고, 심하면 브랜드 타격이 커질 것이기에, 그것을 의식해서라도 똑바로 만들 것이라 생각하는 것이다.

노트북으로 중요한 일을 하는 사람일수록 더 그런 경향을 보인다. 정상적으로 잘 되는 노트북이어야 업무에 지장이 없을 것이며, 고장 났을 때 전국 A/S 망이 잘 되어 있어야 중요한 프로젝트나,

크리에이팅

출장길에도 빠른 수리가 가능하기 때문이다. 노트북 기능만 본 것이 아니라 노트북이 얼마나 기능 유지를 잘 해낼 수 있는지를 보는 것이다.

반대로, 중소기업 노트북이라면 어떨까? 중요한 미팅을 앞두고 노트북이 먹통이 되었다. 당장 A/S는 힘들고 파일도 살려내기 힘든 상황이다. 일어나선 안 될 일이지만, 중소기업에 대한 신뢰도는 더더욱 떨어지며, 다시는 노트북을 사지 않을 것이다.

그렇다면 중소기업은 저질의 싼 제품만 파는 것으로 만족해야 하는가? 중소기업마다 다른 방식으로 A/S 망, 검수와 같은 시스템을 갖춰 운영 비용을 노트북에 투자하기도 한다. 그렇게 같은 가격임에도 훨씬 빠르고 좋은 성능을 가진 가성비가 좋은 노트북이 탄생하는 것이다. 그런 불편함을 감수할 만큼 성능이 좋다면 선호도가 생길 것이며, 고객지원 시스템은 약하지만, 성능 하나는 기가 막힌 노트북은 신뢰를 쌓아나갈 것이다. 그런 기업들이 신뢰를 바탕으로 중견기업, 이후에는 대기업으로 성장해나가는 것이다.

## 비즈니스의 차림으로, 비즈니스맨의 생각으로

비즈니스맨이라고 하면, 말끔한 정장에 멋진 서류 가방을 들고 있는 사람을 떠올린다. 그들은 왜 복장에 집착하는 걸까?

함께 일하고자 하는 사람과 만나기로 했다. 그런데 그 사람이 떡진 머리에 정리 안 된 수염, 언제 빨았는지 모를 옷차림으로 나타난다면 함께 일하기 싫어지는 것은 물론, 당장 그 자리를 벗어나고 싶어질 것이다.

소개팅에 나간 경험이 있다. 설레는 마음으로 카페에서 상대방을 기다렸다. 살짝 엿본 사진은 아이돌 레드벨벳의 아이린을 닮은 모습이었다. 정문이 잘 보이는 곳에 앉아 문을 열고 들어오는 사람들을 지켜보았다. 조이가 왔다. 그러나 안타깝게도 날 지나쳐갔다. 조이 닮은 알바생이었다. 그렇게 연예인을 닮은 생각보다 많은 사람들이 지나쳐갔다. 그래도 기대가 되었기에 더 기다렸다. 그러다 매력적이지만 내가 원하는 외모는 아니었던 분이 나타났다. 그분은 그냥 지나가서 잘 어울리는 멋진 남자를 만났으면 좋겠다고 생각했다. 그런데 마주 앉아서 차를 마시게 되었다.

사람은 마음씨가 좋아야 한다. 그럼에도 불구하고 많은 사람들

　　　　　　　　　　　　　　　　　　　　　　　　　　　　크리에이팅

은 외적인 모습을 보고 그 사람의 마음을 함부로 표현한다. 정확하게 어떤 사람인지도 모르면서 마음대로 외적인 모습을 보고 판단하는 것이었다.

이것을 '메라비언 법칙'이라고 하는데, 첫 상대를 보았을 때 가장 중요한 것은 외적인 요소다.

| 시각적 요소 (55%) | 청각적 요소 (38%) | 말 내용 (7%) |
| --- | --- | --- |

크리에이팅으로 비즈니스를 하고자 했다면 가장 먼저, 옷차림에 신경 써보자. 정장을 입으라는 것이 아니다. 최대한 깔끔한 모습으로 크리에이팅하라는 것이다.

 ## 성공을 부르는 고압적인 어깨 비법

그런데 옷차림보다 더 중요한 것이 있다. 얼굴에, 그리고 몸에 자연스럽게 묻어나는 품위다. 아무리 명품 옷을 두르고, 좋은 시계, 목걸이로 치장한다고 한들 품위가 없으면 한순간에 초라해진다.

그 품위는 어디서 나오는 것일까? 많은 사람들이 지식이라고 생각한다. 돈 많은 부자지만, 지식이 없으면 무식하다는 소리를 듣고, 졸부라며 비아냥당할 것이라고 생각한다. 그래서 돈을 많이 벌게 되면 자식을 좋은 명문대학에 보내려고 과외며, 여러 가지 활동 지원을 하고 다양한 방법을 동원한다. 좀 더 나아가서는 입학 비리, 취업 비리까지 연루되며, 사회적으로 쓴소리를 듣게 된다.

물론 지식은 품위를 갖추는 데 도움이 된다. 높은 지식 수준을 이루어낸다면 말이다. 그러나 그러기까지 시간이 오래 걸린다. 더 빨리 품위를 갖출 수 있는 방법을 소개하겠다.

## | Tip ▶ | 성공을 부르는 고압적인 어깨 비법

1. 허리를 바짝 세운다. 의자에 앉아서 허리 스트레칭할 때 바짝 펴는 바른 자세 말이다.
2. 팔에 양쪽 어깨 끝을 서로 최대한 멀리 떨어지게 한다. 웅크리는 자세를 펼쳐야 어깨 끝의 거리가 멀어진다.
3. 턱을 아래로 당겨 허리를 더 편다.
4. 눈을 크게 뜬다.
5. 여기가 중요하다. 어깨는 그대로 있어야 한다.
6. 자연스럽게 배는 들어가고 가슴은 나온다.
7. 눈앞에 뭐든 좋다. 연필이든 컵이든 눈앞에 놓인 것을 눈을 크게 뜨

고 고압적으로 내려다보아라.

8. 어깨는 그대로여야 한다. 그 상태에서 주위를 둘러보자.

9. 그 상태에서 먹을 것을 고압적으로 내려다보아라.

10. 그 상태에서 사물을 고압적으로 내려다보아라.

11. 그 상태에서 돈을 고압적으로 내려다보아라.

12. 그 상태에서 지식을 고압적으로 내려다보아라.

13. 모든 것을 고압적으로 내려다보지만, 눈을 움직여 바로 봐야 할 때가 있다.

14. 사람을 볼 때 바로 보아라. 내려다보던 눈을 바로 돌리면, 한결 더 초롱초롱하고 빛나는 눈빛을 가질 수 있다.

15. 어깨는 그대로, 그리고 바로 보는 눈에 가벼운 미소를 가져라.


진정으로 품위 있는 사람은 사물이나, 돈, 그리고 지식에 연연하지 않는다. 무식하다는 소리를 들어도, 돈이 없어 보인다고 핀잔을 들어도 어깨를 구부리지 않는다. 품위 있는 사람은 어깨를 절대로 구부리지 않는다. 강자 앞에서도 구부리지 않고 어깨를 바로 펼쳐 마주한다. 세상 그 어떤 것보다 사람이 먼저이며, 자신도 가치 있다고 생각하기 때문이다. 약자에게 역시 어깨를 굽히지 않는다. 다만 높이를 낮춰 눈높이를 맞춘다. 사물이나, 지식, 그리고 돈에 눈을 맞추지 않는다. 맑은 눈으로 사람의 눈을 보고 눈으로 이야기하는 사람이 정말 품위가 있는 것이다.

# PART 05

# 지금 그 생각이 창작이다

01  절대적 '한 가지'를 실행하라

02  비틀어 생각하라

03  설마를 정말로 바꿔라

04  끝까지 물음표를 가지게 하라

05  고객의 이익을 추구하라

06  생각답지 않은 생각으로 깨닫게 하라

07  벼랑 끝에서 시작하라

# 01 절대적 '한 가지'를 실행하라

 **향기롭지만 안 좋은 로션, 안 향기롭지만 좋은 로션**

열심히 하루를 살아낸 후에 집에 들어왔다. 오자마자 편안한 옷으로 갈아입고 세수를 했다. 세수 후에 바르는 알로에 스킨로션의 향기는 항상 개운함에 산뜻함을 더한다. 그렇게 매번 바르던 스킨로션에 의문을 제기해보았다. 과연 알로에는 정말로 향긋할까?

화장품의 향기로운 향을 걷어내면 역하진 않겠지만, 좋은 향은 나지 않는다. 때로는 화학 약품 향이 진하게 나서 거부감이 들기도 한다. 향기 좋은 것이 몸에도 좋으리라 생각이 들지만, 실상은 그렇지 않다는 것이다.

화장품에서 은은하고 좋은 향기가 난다는 것은 특유의 향을 첨가한 것이다. 그 첨가한 향 때문에 피부가 자극되며 붉게 일어난다든지 여드름을 악화시키는 등의 안 좋은 영향을 준다. 그럼에도 많은 화장품 업체는 향을 첨가한다. 그리고 향을 첨가하는 것이 좋지 않다는 것을 알고 있음에도 많은 사람들은 향 좋은 스킨로션 등의 다양한 화장품을 산다. 왜 그런 걸까?

알로에 로션부터 장미향, 라즈베리향, 허브향, 그러다 어린잎, 금첨가, 달팽이 추출물까지 다양하게 첨가한다. 정말 좋다는 성분들은 자세히 들여다보면 미량만 첨가되어 있다. 조그마한 성분을 가지고 장난치듯이 이름에 다양하게 변형되어 반영된다.

화장품의 향기는 스토리와 같다. 사람이 실력이 아무리 좋아도 기억되지 않으면 소용이 없다. 화장품 역시 그렇다. 좋은 효과를 가지고 있다 하더라도 어떤 향이라는 기억되는 요소 덕분에 여러분의 화장대에서 선택받고 살아남는 것이다.

## | Tip ▶ |  치약의 향기

'치약' 하면 무엇이 떠오르는가? 호불호가 많이 갈릴 강렬한 민트향이 떠오를 것이다. 치약에 많고 많은 향 중에 왜 민트를 첨가했을까? 치약은 다양한 화학 약품을 첨가한다. 이 화학 약품만 놔둔다면 좋지 못한 향만 날것이다. 그것을 숨기기 위해 강력한 향을 지닌 민트를 쓰는 것이다. 그러다 보니 민트향 초코 아이스크림을 먹으면 치약 맛을 느끼기도 한다. 이 아이스크림을 먹다 보면 왠지 양치를 안 해도 될 것 같은 느낌도 받는다.

 ## 정체성 부여하기

'스마트폰이 제일 잘해야 하는 것은 무엇일까?' 사람들에게 물었다. 독자 여러분도 한번 생각을 적어보자.

---

**스마트폰이 제일 잘해야 하는 일**

1.

2.

3.

---

전화, 카카오톡, 유튜브부터 연락처 저장 기능, 사진 촬영, 게임, 알람 등등 다양한 답변을 한다. 과거 전화기의 목적은 전화만 잘되면 되었다. 그러다 기술의 발전으로 문자 기능도 원활해야 하고, 전화번호 저장 기능도 좋아야 했다. 그러더니 카메라가 추가되었고, 스마트폰의 개발로 다양한 애플리케이션이 추가되었다. 정말 스마트한 전화기가 된 것이다.

그렇다면 스마트폰은 무엇을 가장 잘해야 할까? 스마트폰은 다재다능하다. 전화도 가능하며, 메신저도 가능하다. 그리고 훌륭한 게임기이기도 하며, 강력한 기능을 가진 카메라도 된다. 그 외에도 공학하는 사람에게는 공학계산기, 요리하고 싶어 하는 사람에게는 좋은 레시피 모음집, 운전을 위한 네비게이션, 언제나 새로운 아이디어로 가득 찬 발명가에게는 훌륭한 메모장, 이 모든 것을 수행할 수 있다.

그러나 단 한 가지가 안 되면, 그 모든 강력한 기능들이 바보가 된다. 바로 '통신'이다. 스마트폰이 제일 잘해야 하는 한 가지는 통신이다. 통신 기능이 제대로 되지 않으면 아무 소용이 없다.
다시 말해, 고전적인 옛날 전화기도 역시 가장 잘해야 하는 것은 통신이다. 가장 잘하는 통신이라는 무기로 크리에이팅해왔다.

## 내가 제일 잘해야 하는 일은 무엇인가?

크리에이팅하고자 하는 가장 큰 첫 번째 목적은 무엇인가? 벌써 소비자들이 당신의 크리에이팅으로 나온 결과물에 다양한 의견을 나누며 비평하고 있는 것을 꿈꾸고 있는가. 첫 번째 목적 즉, 정체성을 찾아내자.

 **직관적으로**

'감성'

운송수단으로 자동차를 생각한다면, 사람을 얼마나 태울 수 있는지, 물건은 얼마나 나를 수 있는지를 생각한다.

인생에서 자동차를 떠올려보자고 하면, 대답은 달라진다. 가족과 여행 간 추억, 첫 차를 샀을 때의 설렘, 해안도로를 달리던 기억 등 다양한 것들을 떠올린다. 그 다양한 것들은 크리에이팅에 영감을 준다. 하지만 정작 시작에는 도움이 안 된다. 산만해지고 집중이 안 되는 것이다. 하나를 집중해서 파고들어 보자. 어디에 포인트를 맞출 것인지 확인해보자.

경차는 작지만 실용적이다. 단거리용으로는 제격이다. 그런데 장거리 주행 능력은 떨어진다. 그렇다면 장거리 주행 능력을 키우기 위해 엔진 성능을 올리면 어떨까? 그리고 시트도 최고급 시트로 넣어보자. 최고급 시트를 넣어보니 공간도 넓었으면 좋겠다. 차 길이도 늘여보자.

상상이 되는가? 끔찍한 혼종이 발생할 것이다. 자동차마다 강조하는 기능이 다르다. 트럭은 트럭대로, 승용차는 승용차대로, SUV는 SUV대로 각각의 장단점이 있다. 과한 욕심은 아무것도 안 된다.

물론, 자동차의 종을 뛰어넘거나, 다른 기술력으로 단점을 보완할 수는 있다. 그러나 그런 차들은 모두 다 기본기부터 탄탄한 상태다. 추가되는 장점은 장점이라고 표현하지만, 실은 장점을 흔들리지 않고 부각시켜줄 수 있는 부가기능일 뿐이다.

앞서 말했던 다양한 감성들은 확실한 기본기가 있는 상태에서 누리는 것이다.

## 02 비틀어 생각하라

 **강아지나 고양이처럼 관점 비틀기**

"오늘은 날씨가 좋다. 집 앞 공원에 산책하러 나갔다. 간식도 잔뜩 먹었다. 늘 그렇지만 우리 주인은 언제나 정말 좋은 사람이다."

"오늘은 날씨가 좋다. 햇살을 받으며 누웠더니, 푹신한 미니 소파를 준다. 새 장난감도 사다 주기에 성의를 봐서 몇 번 만지작거렸다. 오늘은 우리 집사가 꽤 마음에 든다."

강아지와 고양이의 관점이다. 그러나 다시 생각해보자. 정말 강아지와 고양이의 관점일까? 사람은 공감이라는 베이스로 다양한 관점에서 감정이입을 한다. 인형탈 알바를 해본 적이 있는가? 어떤 인형인지에 따라서 그것에 맞게 생각하고 행동한다. 스포츠에 장난기가 많은 개구쟁이 마스코트라면 경기장 곳곳에서 장난을 치며 웃음을 유발한다. 큰 무례를 범하지 않는다면 사람들은 웃으며 즐긴다. 귀여운 동물 인형탈은 또 어떤가? 어떤 행동을 해도 귀여운 동물로 보인다. 같이 사진을 찍기도 하며 어수룩한 모습은 보는 사람들로 하여금 많은 웃음과 즐거움을 제공한다.

유튜브에서도 자취생의 공감, 회사 생활 공감, 군 생활 공감, 그리고 초등학생 생활 공감 등으로 다양한 공감을 이끌어낸다. 재미있게도 그 공감을 이끌어내는 사람은 그 생활을 하고 있지 않은 경우도 많다. 예를 들면 초등학생 공감이라고 했지만, 다 큰 성인이 연기하는 것처럼 말이다. 힘들었던 순간, 지나갔으면 하는 순간들도 누군가를 뒷담화하듯이 웃으며 박수 치는 것이다. 이렇게 크리에이팅은 즐겁고, 재미있는 감정 이입으로 사람들과 함께 공감하는 것이다.

 **뒤죽박죽이 아니라 뒤집기로**

어떤 나라에서 사막에 거대한 건물을 지으려고 했다. 사막이라는 지역 환경 때문에 실력 있고 인지도가 있는 세계적인 건설 회사에 문의했다. 그러나 많은 돈을 준다고 했음에도 모두가 거절했다.

그러다 어떤 인지도가 없는 건설 회사가 할 수 있다고 말했다. 나라의 관리들은 지역 조건도 좋지 않은데 큰 회사들도 못한다고 한 것을 작은 회사가 어떻게 하느냐며 부정적으로 바라보았다. 그렇게 담당관리와 건설사 대표는 미팅을 하게 되었다.

담당관리는 사막이라는 뜨거운 지역 조건 때문에 건설 노동자들이 힘들어 진행이 어려울 것이라고 했다. 그러나 대표는 오히려 당당하게 답했다.

"사막이기에 비가 자주 오지 않아 공사 진행하기가 아주 좋습니다. 그리고 낮은 더우니 밤에 공사를 진행하면 됩니다."

건설사 대표는 사막이라는 악조건을 오히려 좋은 조건으로 뒤집어 보았다. 뒤집어 보았더니 불가능을 가능으로 만든 것이다.

많은 유명한 사람들, 기업가뿐만 아니라 연예인도 불가능을 가능으로 뒤집는다. 어떤 실수로 명예가 실추됐음에도 재기하는 모습은 우리에게 새로운 면을 보여주게 된다. 예를 들어, 세금 탈세 의혹으로 큰 타격을 받는 연예인이라면 많은 사람들의 이목을 받기 충분하다. 그런데 알고 봤더니 그것이 회계사의 실수로 일어난 일이며, 오히려 남몰래 많은 기부를 한 것이 드러나게 된다면 어떨까? 다시 보게 되는 상황이다. 물론 선한 행동을 꾸준히 해왔다면 이런 일을 더 지혜롭고 현명하게 대처할 수 있을 것이다. 때로는 이것을 알기에 의도적으로 '노이즈 마케팅'으로 관심을 유발한 후에 이름을 각인하게끔 하는 방법도 있기는 하다.

**악플** : 악의적인 댓글

자신의 콘텐츠에 수많은 악플들이 달리면 어떨까? 심지어 가족을 건드리는 일까지 발생한다면 말이다. 일반적으로는 더 이상 하기 싫을 것이다. 칭찬이나 좋은 글들이 아무리 많아도 자극적으로 적혀 있는 댓글들로 하기 싫고, 심하면 트라우마까지 남게 된다. 마음은 뒤죽박죽 정신이 없어지며, 더 이상은 아무것도 하고 싶지 않은 상태가 된다.

그럼에도 불구하고 많은 크리에이터들이 불가능을 가능으로 뒤집어놓는다.

- 악플 읽어보기
- 악플 반박하기
- 악플러 만나 보기
- 악플러 고소하기
- 왜 그런 것을 달았을지 분석하기
- 다짜고짜 사과하기

기상천외한 다양한 방법으로 크리에이팅한다. 오히려 자극적이기에 더 큰 화제를 불러올 수 있게 크리에이팅할 수 있는 것이다. 그럼에도 불구하고 지켜야 하는 것이 있다. 의도해서는 안 된다는 것이다.

## | Tip ▶ | 악플도 관심?

악플은 누구나 다 겪고 있다. 연예인을 비롯해 기업가, 정치인뿐 아니라, 학교 친구나 직장 동료, 심지어 아이들까지 질 나쁜 소문에 힘들어한다. 그런데 그것마저도 관심이라고 한다. 그러나 관심이 아니다. 합리적이지 못하고 좋지 못한 비판은 더 이상 관심이 아니라, 명백한 범죄 행위다.

**1단계** : 무시
**2단계** : 관심
**3단계** : 비판
**4단계** : 허용

사람은 새로운 정보를 받아들일 때, 다음과 같은 과정을 거친다. 자신의 레이더망에 포착되지 않았기 때문에 무시하며 살다가 관심이라는 계기가 생겨나고, 우선 이게 정확한 정보인지 비판인지 의심하게 된다. 그리고 나서 받아들일지, 그렇게 하지 않을지 결정한다.

문제는 이 나쁜 악플러들이 자신의 행동을 2단계와 3단계 사이에 있는 지극히 평범한 행동이라고 생각한다는 데 있다. 전혀 아니다. 물론 2단계와 3단계 속에도 명확하고 합리적인 근거는 있다. 악플에도 근거는 있다. 문제는, 편집되고 마음대로 망상을 첨가해 말도 안 되는 괴상하고 나쁜 큰 근거 덩어리다.

그런 나쁜 큰 근거 덩어리는 안타깝게도 악플러에게 있다. 악플러부터 나오니 당연히 악플러의 것이다. 그러니 근거 없는 악플에 상처받을 수 있지만, 받으려고 하지 말자. 아무리 좋은 선물이든, 나쁜 선물이든 안 받으면 그들의 것이 된다. 그럼에도 불구하고 억지로 나쁜 선물을 들이민다면 범죄다. 신고하자.

크리에이팅

# 설마를
# 정말로 바꿔라

 **'설마'가 '정말'로**

'설마'라는 말은 부정에서 시작된 말이다. 부정에서 생겨난 말은 어떤 것도 기대할 수 없다. 그러나 성공을 목표로 다가가는 크리에이터는 '정말'이라는 말에 집착한다.

많은 크리에이터가 본인이 스스로 만든 콘텐츠를 보고 의문을 품기 시작한다.

"설마 이 콘텐츠가 대중에게 어필될 수 있을까?"

열심히 자신의 능력을 쏟아부었음에도, 확신하지 못한다. 조금만 눈을 돌려보면, 자신의 콘텐츠보다 훨씬 좋은 것들이 많아 보여 자신감을 잃는다. '설마'라는 단어에 의심, 부정, 자신감 상실을 느낄 수 있다. 이 상태에서는 무엇을 해도 전혀 안 된다. 그렇다면 '설마'에서 '정말'로 바꿔보자. 자신의 콘텐츠를 바라보면서 말이다.

"정말로 이 콘텐츠가 대중에게 어필될 수 있을까?"

이제는 분석적인 태도로 변했다. 다음 방향을 제시할 길이 열리는 것이다. 의심이 아니라 의문을 제기하는 것이다. 의문을 제기한다는 것은 문제 해결을 할 의지를 지닌다는 것이다. 조금씩 나갈 수 있음이 느껴지기도 한다. 아까의 '설마'와는 다르게 의문 제기, 의지, 자신감이 느껴진다.

한 걸음 더 나아가 정말로로 바꿔보자. 절박함을 담아보는 것이다. '설마 잘할 수 있을까?'에서 '정말로 잘할 수 있을까?'로, 다시 '정말 잘할 수 있다'로 바꿔보자. 정말로 잘할 수 있다는 생각을 가지자!

"이 콘텐츠가 정말로 대중에게 어필이 되었으면 좋겠다."

## 비웃음을 혁신으로 전진하라

요즘은 대머리를 글자를 조금 다르게 해 머머리라며 사람들이 놀리기도 한다. 이미 온 탈모뿐만 아니라 가족 유전으로 올 것만 같은 탈모, 그리고 가족 중에 아무도 없다면 내 차례가 될 수도 있겠다는 막연한 불안감 등 많은 사람들이 탈모로 스트레스를 받고 있다.

어떤 사람이 한 기업가에게 "머리카락의 후퇴가 심하다"고 놀렸다. 그러나 그 기업가는 아주 재미있게 "머리카락이 후퇴하고 있는 것이 아니라 내가 전진하고 있는 것이다"라고 답했다. 아주 용기 있고 재미있는 답이다. 이 답을 한 사람은 우리가 알고 있는 부자인 소프트뱅크 대표 손정의다.

손정의는 20대에 허름한 2층 건물에서 두 명의 직원과 함께 회사를 설립했다. 그는 젊은 혈기에 이렇게 선언했다.

"5년 이내에 1,000억 가치의 기업을 만들겠다."

주위에 그런 사람이 보인다면 어떨까? 웃음부터 나오는가? 그렇다면 안타깝게도 당신 주위엔 그런 능력을 가진 사람이 없었다는 증거다. 그런 능력을 가진 사람이 주위에 있었더라면 웃음이 안 나올 것이다. 또한, 당신 역시 그런 능력을 보유하거나, 잠재력이 있는 사람일 것이다.

그런 사람을 보고 웃음이 나온다면, 웃음소리를 낮추고, 잘 지켜보아라. 비범함이 느껴지는가? 우선 그 사람은 용기 있는 사람이다. 반대로 당신을 들여다보아라. 그럴 만한 용기가 있는지 말이다.
손정의 같은 인생 선언은 주위로부터 비웃음을 듣기 일쑤다. 함께 시작했던 두 명의 직원 역시 어이가 없다는 생각에 그만두었다. 그들은 그 놀라운 선언을 현실로 그려낼 비전을 찾지 못한 것이다.

이렇듯 세계적으로 유명한 사람들은 놀라운 선언을 하며 주위로부터 비웃음을 산다. 그들이 비웃음을 사고 싶어서 그렇겠는가? 그들은 주위 시선보다 자신의 성공이 더 우선이었다.

 ## 페라리와 어떤 한 축구 선수

어떤 유명 축구 선수의 이야기다. 꾸준함이 무기인 이 축구 선수의 어린 시절은 불우했다. 아버지는 알코올 중독자에, 어머니는 청소부였고, 그리고 자신은 축구를 위해 가족과 떨어져 지내야만 했다.

　　　　　　　　　　　　　　　　크리에이팅

이 가난한 선수는 그럼에도 불구하고 자신은 나중에 페라리 자동차를 타고 다닐 거라고 이야기하고 다녔다. 그러나 그의 가난한 처지를 아는 주위 동료들은 그를 놀렸다. 쓰레기통을 비우는 벌칙을 했던 적이 있는데, 어떤 동료가 매직으로 페라리라고 적어놓고는 페라리 자동차 타고 다니냐며 놀린 일도 있었다. 그는 기분이 매우 상했지만, 꼭 타고 말겠다는 마음으로 노력해 유명한 선수가 되었다. 그는 결국 아주 큰 집에 여러 대의 페라리 자동차를 가진 부자가 되었다. 그럼에도 불구하고 초심을 잃지 않고자 누구보다 일찍 연습 경기장을 찾고, 제일 늦게 나간다. 이런 철저한 자기 관리로 원하는 것을 얻을 수 있었다.

"사람들에게 선언했지만, 오히려 성공하지 못하고 말만 앞선다는 소리를 듣습니다. 성공한 사람들은 선언으로 시작해 성공했지만, 정말인가요? 저의 선언은 사람들이 허풍이라며, 때로는 과대 망상이라고 놀립니다. 아니라고 부정하지만, 저 역시 작심삼일인지 선언과는 다르게 행동합니다. 용기를 내서 한 선언이 정말로 나를 움직여주지 않습니다. 이제는 하다 하다 사기꾼이라는 소리를 듣습니다."

사람들에게 선언을 통해서 자신의 꿈을 선포하는 것만큼 용기 있는 행동은 없다. 그러나 무엇이 문제였는지 알아야 한다. 자신 스스로에게 선언을 제대로 하지 않았다. 확신도 없었다는 것이다.

세상을 움직이는 것은 세상 사람들이 아니다. 타인이 아니라는 것이다. 바로 자기 자신이다. 자기 자신을 움직여라. 자기 자신에게 먼저, 그리고 확실하게 선언하라. 확신에 찬다면 이제는 세상이 변한다. 아니 자신이 세상을 바꾸어나가게 된다.
다른 사람들에게 선언하는 것은 굉장한 큰 도움이 된다. 그러나 확실한 것은 스스로에게 확신을 줄 만큼 반복해서 선언하라. 확신이 생긴 선언은 어떤 사람이 무엇이라고 한들 흔들리지 않고 밀고 갈 수 있다. 세상이 후퇴해도 내가 전진하게 될 것이다.

## 끝까지 물음표를 가지게 하라

**04**

 **순수함으로 질문하라**

나는 시간이 많은 학창 시절 명절에 고향으로 내려가면, 아이들과 놀아주고 돌보는 일을 했다. 네 살에서 열 살에 이르는 아이들까지 다들 귀엽고 얼마나 사랑스러운지 모른다. 방금 탄생한 초신성처럼 행동으로, 그리고 말로 빛을 뿜어냈다.

그 어린아이들은 '왜'라는 질문을 끊임없이 해낸다. 정말 대단한 존재가 틀림없다. 학교에서 선생님이 아무리 질문하라고 해도 하지 않는 질문들을 이 귀중한 존재들은 끊임없이 능숙하게 해낸다.

"형은 키가 왜 작아?"라는 직설적인 질문으로부터, "왜 강아지를 만지면 손 씻어야 해?", "식혜는 왜 쌀로 만들어?", "고모는 왜 떡국을 싫어해?" 등 다양하게 뽑아낸다. 아이들은 '왜?'라는 질문을 쉽게 던져낸다. 때로는 무례하게도 느껴질 수 있다. 그러나 보통 어른들은 불쾌하게 여기지 않는다. 이유는 복잡하거나, 나쁜 의도를 지닌 것이 아니라, 알고 싶은 것을 순수하게 접근했기 때문이다.

우리는 커가면서, 특히나 대한민국에서는 억압하기 좋은 장치 '눈치'라는 것을 가지게 된다. 이 '눈치' 때문에 질문에 대해 순수한 접근이 어려워진다. 선생님이 질문하라고 했을 때, 질문하기 어려운 이유는 질문에 대한 답을 알고 싶음에도, 벗어난 질문 또는 말도 안 되는 질문으로 핀잔을 듣지는 않을까 하는 두려움, 그리고 수업을 늦게 마치게 해서 동급생의 눈치를 봐야 하는 상황 등이 마음속에서 복잡하게 얽힌다.

선생님께 이렇게 질문해보면 어떨까?

"왜 꼭 마칠 때 질문하라는 건가요? 다른 친구들 눈치 보이게 말입니다."

크리에이팅

그럼 선생님은 이렇게 답할 수도 있다.

"질문할 때까지 오늘의 수업은 안 마친다. 어서 질문해."

강요하지 말자. 순수함으로 접근하라. 학생이라면 온전히 질문할 수 있는 상황을 찾자. 선생이라면 자연스럽게 질문을 유도해보는 것은 어떨까?

 ### 손가락 하나로 아이언맨

사람들은 마블 영화를 믿고 보는 영화라고 좋게 평가한다. 캐릭터마다 다양한 능력을 뽐내며 악당들에게 복수하는 모습은 통쾌함을 선사한다. 우리는 그런 캐릭터의 모습을 보며 대리 만족을 느낀다.
이 마블 영화를 보며 '나도 저렇게 멋진 아이언맨이 될 수 있을까?'라는 생각을 했다. 그러나 그렇게 되기 위해서는 기계공학 분야에 굉장히 똑똑해야 하고, 큰 규모의 회사를 가지고 있어야 하는 등등 쉽지 않았다. 끝까지 질문을 던지지 않고 포기했다.

그러던 어느 날, 카페에서 나는 커피를, 초등학생인 사촌 동생은 음료수를 주문했다. 진동벨을 받고 기다리던 중, 사촌 동생이 사진을 찍어달라고 하는 게 아닌가? 그러더니 단번에 아이언맨이 되었다.

과정은 단순했다. 사촌 동생은 쉽게 아이언맨이 될 수 있는 끝을 찾아냈다. 과정은 중요하지 않다. 질문의 끝을 도출해내는 것이다. 단순하게 질문하고 단순하게 답해보자.

크리에이팅

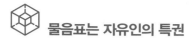 **물음표는 자유인의 특권**

무언가를 깨달은 어린 주인공은 주먹을 내리치며 말한다.

"왜죠? 왜 우리는 항상 억압받는 게 당연한 걸까요?"

혁명가로 나오는 주인공들은 항상 이렇게 의문을 품는다. 드라마나 영화에 나오는 설정 중 꽤 비중 있는 역할을 맡은 인물, 주인공에게 영향을 주는 인물, 또는 주인공은 자유를 갈망하고 싸워나가는 모습으로 나온다. 그 주인공은 억압받는 환경 속에서 '왜?'라는 질문을 못 한다. 그러다가 '왜'라고 질문하게 되면 가족들은 매우 난처한 상황에 처해지고 비극이 시작된다.

저 이야기들은 드라마나 영화 속의 이야기이기만 할까? 어쩌면 우리의 이야기일지도 모른다. 깨닫기 전의 우리의 모습 말이다. 총칼이 오가는 상황만이 억압받는 세상이 아니다. 순수한 물음, 원초적인 질문, 세상이 정한 대로 살아가다 보면 질문이 필요 없고 당연하다고만 생각할 것이다. 그 당연함 속에 행복이 있다면, 그 삶은 멋진 삶이다. 그러나 행복이 없다면, 변화가 필요하다. '왜?'라는 질문이 시작되어야 하는 순간이다.

모든 것은 '왜?'라는 질문에서 시작된다. 사람은 태어나면서 자유를 가지고 싶어 한다. 어떤 것에도 얽매이지 않고 자유롭게 생각하고 싶어 하기 때문이다.

많은 기술과 사용하고 있는 물품들이 '왜?'라는 질문으로부터 시작되었다. 당연하다고 생각하면 그만이긴 하다. 그러나 '왜?'라는 질문을 하는 순간, 뭔가 다른 새로운 세상이 열린다. 그 세상을 즐기는 것은 '왜?'라는 의문을 가지는 사람에게 주어지는 특권이다.

모든 것을 비관적으로 바라보라는 것은 아니다. 이 아름다운 세상을 비관적으로 즐겁게 열어보자. 새로운 세상을 즐겨보는 것이다. 항상 머리 위에 떠 있는 태양을 당연하다고 생각하지 마라. 의문을 가져라. 세상의 변화는 태양으로부터 시작된 것이 아니라, 태양으로부터 생겨나는 생각으로 시작되었다.

크리에이팅

## 05 고객의 이익을 추구하라

 **불법 다단계의 문제**

'다단계'라고 하면 먼저 부정적인 생각을 떠올린다. 다단계는 인맥을 이용해서 다양한 상품을 팔고, 그 인맥을 통해 또 판매가 이뤄진다. 최초로 시작했던 사람이 일정의 수익을 가져가는 피라미드식의 구조다. 올바르게만 이용한다면, 광고 홍보 비용을 줄여 구매자는 저렴하게, 판매자와 중개자는 일정 이익을 얻어갈 수 있다. 다만 정직하게 분배가 이루어진다는 전제로 말이다.

양질의 상품이 판매자와 중개자가 폭발적인 이익을 취하는 것 없이, 홍보 광고가 없어 일반적인 가격보다 저렴한 혜택이 구매자에게 돌아간다면, 확실히 바람직한 구조다. 이론과 같이 순기능을 한다면 판매하는 판매자와 중개자, 그리고 인맥으로 사게 되는 구매자도 만족할 수 있는 결과를 얻게 된다. 이 이론에 기초한 합법적인 다단계 기업도 있다. 그러나 보통 사람들은 불법 다단계를 떠올린다.

우리나라에서 이루어졌다는 다단계의 많은 부분이 부적절하게 운영이 되었고, 이 때문에 아직도 많은 사람은 다단계를 부정적으로 생각하게 되었다.

문제가 발생하는 이유는 판매자가 인증도 되지 않는 저질의 제품을 중개자에게 대출을 유도해 많은 수의 제품을 강매하는 것부터 시작된다. 중개자는 자신의 인맥을 이용해 쌓여 있는 제품들을 주위에 판매한다. 팔리지 않는다면 고스란히 중개자에게 부담이 주어질 것이고, 팔린다고 해도 양질의 제품이 아니기에 구매자도 불만을 표출하게 되며 사이도 멀어지게 된다. 그럼에도 불구하고 중개자가 이미 샀기 때문에 판매자는 이득을 취하게 되었고, 판매자만 아무런 피해 없이 수익을 독식하게 되는 것이다. 이렇게 판매자는 이 이익으로 새로운 중개자를 모집하고 계속 부당한 이익을 취하는 것이다. 그러나 오래가지는 않는다.

이것은 유튜브와 같은 곳에도 일어난다. 자극적인 문구를 첨부해 클릭을 유도한다. 광고 협찬을 받아 저질의 제품을 좋은 제품인 양 리뷰하기도 하고, 맹목적으로 장점만 부각시키기도 한다.

처음부터 구매하는 사람, 콘텐츠를 즐기는 사람의 이익은 어디에도 없다. 모두의 이익을 생각했더라면 더 오랫동안 활동하며 존중받게 되었을 것이다. 모두가 오랫동안 함께 행복을 누릴 수 있을 것이다. 그럼에도 불구하고 짧은 시간 내에 사기 치듯이 수익을 끌어올리고 숨는 경우가 있다. 이들은 얼마나 떳떳할까? 진정으로 행복할 수 있을까? 정당하지 못한 방법은 절대 성공하지 못한다. 스스로의 이익만 본다면 잠깐의 수익을 기대할 순 있다. 그러나 크리에이팅으로 자신의 훌륭한 가치를 영영 찾을 수 없을 것이다.

 **간쓸개 다 팔아버릴 장사치**

'장사치'라는 말은 상업을 종사하는 사람을 낮추어 일컫는 말이다. 제품을 팔고 있는데 험한 욕이 들어간 장사치라는 말을 들으면 누구도 기분 좋지 않을 것이다. 상업은 누가 어떻게 하느냐에 따라 천박해질 수 있고, 값지게 될 수 있다.

A : 초등학생에게 자극적인 불량식품을 파는 판매자

B : 어디에서 수입되었는지도 모르는 수산물을 파는 판매자

C : 전자기기 안전인증도 거치지 않은 전자기기를 파는 판매자

B 판매자의 초등학생 자식이 A 판매자의 길에 파는 불량식품을 먹고 탈이 나서 차를 태워 병원으로 가려고 했다. C 판매자로부터 산 네비게이션이 엉뚱한 곳을 알려주어 시간 낭비를 하게 되었다.

과연 B 판매자가 A 판매자와 C 판매자에게 욕할 자격이 있어 보이는가? 위와 같은 판매자들은 자신의 이익만 위해 판매해왔다. 반대로 자신의 자식이나 부모에게 팔 수 있는지 되물어야 한다.

2010년대 패스트푸드 프랜차이즈에 큰 변화가 있었다. '맘스터치'의 등장이었다. 엄마의 마음으로 제작한다는 햄버거는 많은 인기를 누렸다. 이런 흐름에서 다른 프랜차이즈 역시 진심을 전한다는 것을 전달하기 위해 이벤트를 만들었다. 음식의 재료 선정이라든지, 만들어지는 과정을 공개적으로 보여주었다.

고객은 그런 흐름으로 정당한 대가를 지불하고 제품을 소유하거나 누릴 수 있게 되고, 판매자는 이익이 챙길 수 있는 순기능이 발생한다.

크리에이팅

'1L 우유 한 팩을 사기 위해 마트를 들렀다. 항상 A사의 우유만 먹다가 B사에서 1L 우유 한 팩을 사면 한 팩을 무료로 주는 1+1 행사를 한다는 것을 보게 되었다. 항상 A사의 우유를 먹어왔지만, B사의 1+1 행사에 끌렸다. 가격도 행사로 나온 B사의 우유 두 팩이 A사 우유 한 팩보다 더 저렴했다. 마침 돈도 많이 없었기도 해서 B사의 우유를 집었다. 집으로 돌아와서 우유를 마셔보았다. 맛을 보니 A사보다 더 맛있는 것이다. 아주 만족한 표정으로 우유를 냉장고에 넣었다.'

상품을 판매하는 기업은 인지도를 끌어올리거나, 재고의 빠른 소진을 위해 종종 1+1과 같은 파격적인 행사를 한다. 사례와 같은 행사로 기업은 기업대로, 고객은 고객대로 만족하는 상황이 만들어지는 것이다. 그러나 꼭 파격적인 행사로만 고객을 웃게 하지는 않는다.

'1L 우유 한 팩을 사기 위해 마트를 들렀다. 항상 A사의 우유만 먹다가 B사에서 1L 우유 한 팩을 사면 한 팩을 무료로 주는 1+1 행사를 한다는 것을 보게 되었다. 그러나 돈이 많아 1+1 행사에 끌리지 않았다. 또한, B사의 우유 품질 관리가 엉망이라는 소식을 어제 뉴스에서 보았다. B사의 우유는 거들떠보지도 않고, A사의 우유를 집었다. 집으로 돌아와서 우유를 마셔보았다. 변함없이 똑같은 맛에 감탄했다. 아주 만족한 표정으로 우유를 냉장에 넣었다.'

위의 두 유형 모두 만족한 소비자다. 만약에 A사가 가격을 낮추기 위해 품질을 낮추고 과도한 홍보에만 몰입했었더라면, 어땠을까? 인지도가 없는 B사가 1+1행사를 하지 않았으면, 어떻게 되었을까?

사고파는 것은 고객이 만족해야 가능한 것이다. 고객의 만족 없이는 시작점도 없으며 결국 판매자의 이익도 떨어진다. 잊지 마라. 고객의 만족은 판매자의 이익이다. 나의 상품 그리고 나의 콘텐츠를 소비할 사람들이 진정으로 만족할 것인지 고민이 필요하다. 자부심으로 만들어진 것이라면 그때는 조금은 포장을 해보자.

| Tip ◉ | 사람들을 사로잡는 문구

• **본능적인 것을 자극한다**
사람은 본능이라는 것을 가지고 있다. 자극해보자. 배고픔, 보기 좋은 것, 섹시한 것, 좋은 소리, 좋은 색깔에 반응한다.

**예)** 맛있는 치킨 리뷰 → 섹시한 다리를 가진 치킨
신형 자동차를 타보자 → 이번엔 선이 강렬한 자동차?

　　　　　　　　　　　　　　　　　　　　　크리에이팅

- **호기심을 자극한다**

  호기심을 자극한다는 것은 관심이 생긴다는 것이다. 탐험 욕구를, 탐구 생활을 자극해보자.

  **예)**　캐나다의 한적한 시골 여행 → 캐나다의 시골에 무슨 일이?
  　　　쫀득한 젤리를 먹어보자 → 이 하얀 고체는 무엇일까?

- **소유욕을 자극한다**

  누구나 특별한 것을 소유하고자 하는 욕구를 가지고 있다. 콘텐츠를 시청하는 것부터 특별하게 담아 어떤 물건에 대해서 특별함을 부여해 가지고 싶게 하자.

  **예)**　이탈리아 명품 가방 → 이태리 장인의 손길을 머금은 가죽 덩어리
  　　　신형 스마트폰 → 외계인을 고문했냐? 비현실적인 스마트폰 리뷰

- **유행하는 것을 반영한다**

  특히 우리나라 사람은 유행에 빠르고 민감하게 반응한다.

  **예)**　맛있는 만두 먹방 → 그 드라마에 나온 그녀의 만두
  　　　따끈한 신상 신발 → 철컹철컹 요즘 이거 안 신고 다니면 간첩

- **때로는 클래식하게**

  깔끔하고 클래식한 문구는 또 다른 상상력을 부른다.

  **예)**　레몬에이드 시원하게 먹기 → 레몬에이드 2.0
  　　　코트 입어보고 후기 → 지금은 코트

 **주는 사람의 두뇌**

많은 유튜브 크리에이터들이 등장했다. 물론 파워 블로거, 페북 스타, 인스타 스타 등등 다양한 플랫폼에서 크리에이터들이 활약하고 있다. 새로 나온 신메뉴 리뷰부터, 좋은 장소를 알려주기도 하며, 자신이 가지고 있는 전문 지식까지 업로드한다. 어쩌면 힘들게 얻은 지식을 자기만 알고 싶을 텐데도 말이다. 나는 이것을 '오픈의 시대'라고 한다. 자기만 알고 있던 꽁꽁 숨겨왔던 정보를 조금 더 쉽게, 그리고 영상, 사진, 글 등 다양한 방법으로 알려준다. 그러다 꾸준히 활동하는 사람과 안 그런 사람, 두 부류로 나뉜다.

꾸준히 활동하는 사람의 힘은 무엇일까? 그들은 왜 그렇게 하는 것일까? 수익일까? 그러고 보니 많은 스타 크리에이터들이 강변이 보이는 멋진 집에 살고 반짝거리는 외제차를 타며 부를 누리며 살고 있다. 그럼 돈 때문에 자신의 것을 파는 것일까?

수익은 정말로 중요한 요소다. 크리에이팅을 통해 많은 사람들이 그것을 봄으로써 광고가 붙고, 협찬 제의가 들어오고, 강의 요청 등 다양한 방식으로 수익화된다면 기분이 좋을 것이다. 그러나 진정한 크리에이터라면 수익이 기쁜 것이 아니다. 수익이라는 수치가 자신의 크리에이팅으로 인정받기에 기분이 좋은 것이다. 만약에 수익에 치중되어 있다면, 행복한 크리에이팅을 할 수 없다. 인정받기보다는 수익에 연연하며, 수익이 떨어지면 힘들어할 것이다. 그러나 진정으로 크리에이팅을 하는 크리에이터는 단순히 수익만이 아닌, 다양하게 보상받는다.

수익은 정말 중요하다. 우리가 움직이는 데 소중한 재료가 되는 것이다. 다시 말해, 목표가 아니다. 수단이라는 것이다. 정말로 훌륭하고 유명한 크리에이터들을 잘 들여다보아라. 크리에이팅하는 것이 행복해 보인다. 유튜브, 블로그를 크리에이팅하는 것보다 인생을 크리에이팅하는 것이다. 크리에이팅으로 사람들에게 자신의 행복을 나누어주자.

1. 나는 무엇을 하고 싶은가?

2. 나는 무엇을 하면 즐거운가?

3. 나의 즐거움을 어떻게 남기고 싶은가?

4. 나의 남겨진 즐거움을 어떻게 구성하고 싶은가?

5. 나의 구성된 즐거움을 어떻게 사람들과 나누고 싶은가?

6. 나의 즐거움을 어떻게 인정받을 것인가?

7. 나의 즐거움으로 인정받은 것을 사회에 어떻게 돌려줄 것인가?

8. 나는 무엇을 하고 싶은가?

# 06 생각답지 않은 생각으로 깨닫게 하라

 **백종원은 사기꾼이다?**

"설탕을 넣어줘야쥬."

구수한 사투리에 설탕을 인심 가득히 넣는 모습으로 큰 화제가 되었다. 백 선생이라고 불리는 백종원이다. 백종원이 설탕을 듬뿍 넣는 모습에 시청자들은 아연실색했다. 그러나 그 레시피를 따라 해보았더니 식당에서 파는 밥처럼 정말 맛있는 식사가 완성되는 것이었다. 많은 사람들이 열광했으며, 백종원 열풍이 일어났다.

그러나 진정으로 식재료를 연구하는 요리사는 어떻게 볼까? 대학 시절부터 요리를 위해 여러 곳으로 유학을 다녀온 요리 전문가는 절대로 그렇게, 그것도 대놓고 설탕을 들이붓지 않는다. 그 모습을 본다면 표정이 일그러질 것이다. 그러면 백종원은 요리사가 아니라 사기꾼인가?

음식은 사람이 살기 위해 먹는 것이다. 그러나 시대가 변하면서 단순히 먹기 위한 것이 아니라 한 끼를 행복하게 보내는 것으로 바뀌어갔다. 음식은 생존에 가장 중요하지만, 현재는 생존보다 즐거움의 의미가 더 크다. 음식의 발전에는 맛도 맛이지만, 생존의 기본이 되는 건강에 관한 연구가 가장 우선시된다. 음식에 대한 철학의 깊이가 있는 사람은 맛만 우선으로 하는 음식을 굉장히 경계할 것이다. 그런데 백종원의 설탕 듬뿍은 요식계에 큰 변화를 주었다.

백종원을 사기꾼이라고 생각하지 않는다. 많은 사람들이 집에서 맛있는 식사를 할 수 있게 해준 선구자로 생각한다. 그리고 백종원 요리 특유의 달콤하고 단순하며 직관적인 입맛 때문에 많은 사람들이 백종원의 프랜차이즈 음식을 이용한다. 사람들에게 음식의 맛은 설탕이라고 깨닫게 해준 것이다. 다시 말해, 맛으로 먹는 음식을 깨닫게 해준 것이다. 먹는 사람이 정말 먹고 싶어 하는 것을 백종원은 꿰뚫었다.

## 토론을 부수자

"여기에 맛있는 치킨이 있습니다. 이 치킨을 가난한 자에게 기부하는 것보다 돈이 있는 사람에게 판매하는 것이 옳은 행위일까요?"

토론하게 될 때면 찬성과 반대로 나뉜다. 가난한 사람을 우선 돕는 게 맞다고 생각해서 반대하는 사람이 있고, 돈이 있는 사람에게 팔아 스스로 이익을 남겨야 하기에 찬성한다고 하는 사람도 있을 것이다.

그러다 토론의 핵심 내용을 벗어난 또 다른 질문이 등장할 것이다.

"반반으로 나누어서 주면 좋지 않을까?"
"치킨을 주거나 팔 수 있는 사람은 돈이 많은가?"
"배달 시스템을 보고 가까운 쪽부터 준다"부터 시작해서,

"양념인가? 후라이드인가?"
"돈이 많은 사람은 치킨을 좋아할까?"
"가난한 자에게 줄 때 치킨무도 챙겨줘야 하는가?"
"치킨을 좋아하지 않아서 삼겹살은 어떠냐?" 등 엉뚱한 질문들이 나온다.

일반적으로 토론은 찬성과 반대를 나누어서 그 의견에 뒷받침할 근거들을 통해 싸움을 하는 과정이다. 그렇기에 진행하는 사회자는 핵심 논지인 판매와 기부 중 둘 중의 하나를 선택해 그에 따른 의견 제시를 원한다. 본론으로 돌아가기 위해서 주제를 다시 재정리한다. 그러나 이 엉뚱한 질문을 밀고 간다면 우리는 식상하지 않을 것이다.

토론회가 열리는 곳에서는 유머로 넘길 생각으로 웃겠지만, 계속 엉뚱한 질문으로 밀고 간다면 어떨까?

생각답지 않은 웃긴 생각이라며 나쁜 소리도 들을 것이다. 그러나 어쩌겠는가? 웃음이 나오고 그것을 통해 새로운 즐거움이 크리에이팅된다면, 재미있지 않겠는가?

정해진 틀을 벗어나 보자. 학교에서는 논점을 흐리는 말을 하지 말라고 한다. 하지만 학교에서만 그렇게 하자. 학교 밖에 나와서는 얼마든지 논점을 흐리는 말을 해보자. 평범은 평범이고, 새로움은 엉뚱한 것에서부터 시작된다.

## 이야기에 조미료

옛날 시골에 삼 형제가 있었다. 아버지는 세 가지의 보물을 가지고 있었는데, 죽기 전에 세 명의 아들에게 물려주기로 했다.

첫째에게는 천 리를 볼 수 있는 망원경을, 둘째에게는 천 리를 달려갈 수 있는 천리마를, 셋째에게는 어떤 병이든 치료할 수 있는 마법의 약을 선물로 주었다.

그러던 어느 날, 왕국의 아름다운 공주는 어떤 약을 써도 낫지 않는 불치병에 걸리게 되었다. 슬픔에 빠진 왕은 온갖 수를 써 보았지만, 소용이 없었다. 그래서 벽보를 붙여 병을 낫게 해주면 아름다운 자신의 딸인 공주와 결혼시켜주겠다고 했다.

첫째가 망원경으로 그 벽보를 확인했고, 둘째의 천리마를 이용해 왕국으로 한달음에 달려갔다. 셋째의 약을 공주에게 먹여 공주를 낫게 했다.

왕은 매우 기뻐했다. 그러다 누구와 결혼을 시킬지 고민했다. 가장 현명한 신하를 불러 의견을 물었다.

"첫째의 망원경 아니었으면 우리 공주의 병 소식을 알 수가 없었을 것이고, 알았다 하더라도 둘째의 천리마가 없었으면 여기에 도달하지도 못했을 것이다. 그리고 셋째의 약이 없었으면 공주의 병은 낫지도 못했을 것이야. 셋 다 모두 공이 크건만 누구와 결혼을 시키는 게 좋겠는가?"

"첫째와 둘째는 각각 천 리를 보는 망원경과 천리마를 아직 소유하고 있습니다. 그러나 셋째는 약을 써버렸으니 남은 것이 없습니다. 셋째와 결혼시키기로 하지요."

그리하여 아름다운 공주는 셋째와 결혼하게 되어 행복하게 살았다.

이 이야기의 교훈만 생각하면 재미가 있을까? 전혀 재미없을 것이다. 다양한 방법으로 이 이야기에 접근해 양념을 쳐보자. 아니 약을 한번 쳐보자.

"약통에 약이 다시 생겼는데요?"

신하는 혼란스러울 것이다. 그리하여 왕은 다른 신하를 불러 다시 논평할 것이다. 신하들은 모두 각각의 다른 의견을 냈다.

"첫째의 공이 큽니다. 시작이라는 것을 해볼 수 있게 하지 않았습니까?"(비전)
"둘째의 공이 큽니다. 실행에 옮길 수 있게 발이 되어주지 않았습니까?"(행동력)
"셋째의 공이 큽니다. 결정적으로 치료를 시키지 않았습니까?"(결정력)

내가 왕이라면 첫째와 결혼시킬 것이다. 무엇보다 중요한 건 비전 제시라고 생각하기 때문이다. 그러나 모두가 다를 것이다. 첫째의 공은 비전 제시라면, 둘째는 행동력, 셋째는 결정력일 것이다.

관점을 조금만 비틀어보면 이야깃거리는 굉장히 많아진다. 어떤 것을 의미 있게 생각해볼 것인지, 재평가할 기회도 생겨난다. 다시 돌아가서 이번에는 또 다른 약을 쳐보자. 공주가 말했다.

"셋째는 너무 말도 안 되게 못생겼어요. 결혼하느니 차라리 죽겠어요."

왕은 변수를 생각하지 못했다. 딸을 살리는 것이 급했지만, 셋째의 얼굴은 공주가 살아났다가 기절할 만큼 못생겼다. 성형을 시켜버리면 어떨까. 어떤 못된 신하는 죽여버리라고도 할 것이다. 그렇게 고심하던 중, 신하는 묘책을 낸다. 공주가 세 명의 형제 중 선택을 하게 하는 것은 어떤지 말이다. 그리하여 가장 멋진 풍채를 지닌 둘째와 결혼하게 된다.

다시 한번 약을 쳐보자. 못생긴 셋째는 형제들과 공주를 구하기 위해 힘썼으나, 자신의 외모 때문에 결혼을 하지 못하는 꿈을 꿨다. 그렇게 꿈에서 깬 셋째는 첫째 형의 만 리를 보는 망원경으로 공고문을 읽는다. 그리하여 왕국으로 가서 공주를 만나기 전에 막내는 이렇게 말한다.

"형님들, 공주는 내 것이야. 대신 왕께 부탁드려서 재산을 잔뜩 얻어낼 수 있게 확답을 받을게. 내 약은 하나뿐이야. 안 그래도 못 생긴 내가 이마저 없으면 아무것도 할 수 없어. 첫째 형은 망원경으로 마음에 드는 여자를 찾을 수도, 둘째 형은 천리마로 원하는 여자에게 갈 수도 있어. 난 그렇지 못해. 형들이 도와주지 않으면 난 이 약을 삼키고 죽어버릴 거야."

그렇게 약속하고 공주를 치료하기 전에 온 신하들을 보는 곳에서 선언했다.

"비록 못난 얼굴이지만, 저만 치료할 수 있습니다. 저와 결혼하게 해주세요."

그리고 공주에게 말했다.

"공주, 당신을 살리고 말 거예요. 이 약이 듣지 않아 공주가 죽으면 저도 따라 죽을 거예요."

공주는 그런 셋째의 패기에 반했고, 치료가 성공적으로 끝나자 결혼해서 행복하게 살았다고 한다.

크리에이팅

그리고 여기에 다시 변수를 줘보자. 왕은 결혼을 준비하는 셋째를 불러 술을 먹었다. 그러다가,

"잠깐만, 오른쪽 귀 뒤를 보여주어라!"

왕은 전쟁 중에 네 살짜리 아들을 잃은 적이 있다. 그 아들은 오른쪽 귀에 특이한 점이 있어서 한눈에 봐도 자신의 아들임을 증명하는 표식과 같았다. 그리고 아들이 태어나기 전에 예언이 있었기에 더 놀라지 않을 수가 없었다.

그렇게 서로 부대껴 안고 울었다. 그러나 같은 남매끼리 결혼을 시킬수는 없었다. 결국, 왕은 셋째의 신분을 회복시키고 결혼을 취소했다.

그러나 공주는 셋째를 너무 사랑한 나머지 도망가자고 했다. 이후는 어떻게 되었냐고? 열린 결말이다.

"소설을 쓰고 자빠졌네."

어이없고 허무맹랑한 이야기는 또 다른 재미있는 상상력을 크리에이팅한다. 소설이 왜 재미있겠는가? 일상과는 너무도 다르게 흘러가는 전개들이 재미있기 때문이다. 싱거운 이야깃거리에 상상력이라는 조미료를 가미해보자. 새롭고 더 맛있는 음식을 크리에이팅하는 것이다.

# 벼랑 끝에서 시작하라

 **세상 그 어떤 것보다 무서운 힘 결핍**

군 시절, 힘든 훈련 후에 마시는 시원한 지하수는 정말 천국의 맛이었다. 군대를 갔다 와보지 못한 사람도 이러한 경험이 있을 것이다. 어릴 적 학교 체육 대회를 마치고 마신 시원한 물을 기억할 것이다.

갈증을 느낀다면 어떤 방법을 써서라도 채우기 위해 노력한다. 사람들 마음속에도 갈증이 있다. 이 갈증은 다시 말해, 결핍이라고 할 수 있다.

자수성가한 사람들의 어린 시절을 들여다보면 대부분이 결핍으로 시작된다. 돈이 없어서 매 끼니를 걱정해야 하는 시절, 좋지 않은 집안 배경, 꿈을 위해 가진 것을 포기해야만 하는 상황들, 좋지 않은 경제 상황으로 절망을 겪게 된다. 그러한 상황이 오면 죽기 살기로 밀어붙이게 된다.

그렇다면 결핍은 특별한 자에게 주어지는가? 아니다. 누구나 다 가지고 있다. 돈이 없어서 아이에게 치킨을 못 사주는 아버지의 마음, 돈이 없어 여자 친구에게 좋은 선물을 사주지 못하는 남자친구, 집안 사정이 좋지 않아 매일 똑같은 옷을 입는 초등학생. 그 외에도 크든 작든 세상에는 여러 종류의 결핍이 일어난다.

그렇다면 배경 좋은 집에서 많은 사랑을 받아 자라왔고, 머리도 뛰어나게 좋아 좋은 학교에, 좋은 성적에, 심지어 몸도 좋은 친구도 결핍이 있을까? 그 사람들도 나름의 결핍이 있다. 그런 사람들의 고민은 자신과 다른 환경에 처한 사람에게 공감하기 힘들어 쉽게 고립되기도 한다. 그 외에도 더 얻고 싶어 하는 불안감, 배경 좋은 집안 속의 말 못 할 속사정 등등 다양하게 완벽해 보이는 사람에게도 결핍이 발생한다.

사람들 중 결핍이 없다고 하는 사람들도 있다. 하지만 실은 결핍을 부정하는 것이다. 결핍의 고통은 엄청나므로 부정하고 살아가려

하는 것이다. 그런데도 본인은 결핍이 없었다며 소통을 거부하게 되는 상황까지 발생한다. 결핍을 제대로 인식하지 못했기 때문이다.

　결핍을 제대로 인식하는 것이 중요하다. 결핍을 제대로 인식해 긍정의 방향으로 이끌어가야 한다. 결핍의 방향 전환을 발판 삼아 우리는 일어나야 한다. 내가 무엇이 부족한지, 무엇을 채워줘야 행복한지도 정확하게 알아야 한다. 부정하지 말자. 숨기고 억누르는 결핍은 예상치 못한 곳에서 폭발한다. 정확하게 인식하고 인정하며 전환하자. 긍정의 결핍으로 바꿔가자. 결핍된 모습의 자신을 한 땀, 한 땀 채워가는 긍정의 모습으로 변화해나가자.

　당신이 결핍 속에서 노력해 만나게 된 성공은 앞서 말한 힘든 순간을 이겨낸 후 마시는 시원한 지하수일 것이다. 결핍을 정확하게 인식하고 이겨내보자. 자신의 갈증을 이겨내는 것이다.

어릴 적부터 집이 가난해 무시당하던 친구가 있었다. 그는 매일 똑같은 옷만 입었고, 친구들은 옷이 한 벌밖에 없냐고 비웃었다. 다양한 옷을 입고 싶었지만, 집에 돌아가면 아픈 어머니만 계셨고 투정 부릴 마음의 여유조차 없었다. 그 서러움에 공부해 의류학과에 진학했고, 다양한 옷을 디자인하며 누렸다. 지금은 더 많은 사람들이 즐길 수 있게 유튜브 크리에이터로 활동하고 있다.

 **부자로 싸우자**

'부자와 가난한 사람이 싸우면 누가 이길 것인가?'

일반적으로 사람들은 부자가 가진 것으로 가난한 사람을 쉽게 이길 것으로 생각한다. 그러다 오히려 못 가진 가난한 사람이 이길 것이라는 의견도 나온다. 가난한 사람은 잃을 게 없으니 더 맹렬하게 싸울 것이라 생각한다. 부자와 가난한 사람의 싸움에서 부자는 잃는 것이 생기니 소극적으로 싸우다 진다고 생각하는 것이다.

생각을 달리해서 이 대결에서 부자가 과거 가난했었던 경험을 했었다면 어떨까? 최선을 다해 가난한 사람에서 부자가 된 사람이라면 이야기는 달라진다. 없는 서러움으로 시작해 부자가 된 사람들은 어떤 누구보다 독하다. 자신이 이룬 성과를 절대로 양보할 수 없다는 것이다. 있는 사람이 더 하다는 말은 여기서 나온다고 볼 수 있다.

그럼 부를 물려받은 재벌 2세는 어떤가? 그들은 쉽게 부를 빼앗겨야 하지 않는가? 1세대의 재벌을 이룩한 부자는 누구보다도 부를 물려받을 사람을 혹독하게 교육시킨다. 자수성가해 힘들게 얻은 부를 쉽게 빼앗기려 하지 않으려고 하는 것이다.

드라마 속 막장 재벌 2세는 우리에게 또 다른 세계를 보여줘 신선하고 재미있게 다가온다. 그러나 현실은 어떤가? 모두 드라마 속의 이야기일 뿐이다. 현실의 재벌 2세는 똑똑하고 유능하며 예의가 바르다. 그럼 왜 뉴스에는 막장 재벌 2세 이야기가 많이 나오냐고? 당연히 흔치 않기 때문이다. 흔했더라면 신문이나 뉴스에도 나오지 않을 것이다.

그렇게 혹독한 교육 속에 재벌 2세는 부를 쉽게 가질 수 없다고 깨닫는다. 그리고 부를 유지하기 위해 그 무게를 견디려고 하는 것이다. 그렇기에 부를 쉽게 빼앗기지 않는다. 만약 가난을 경험했다면 이제는 부를 성취하면 된다. 부만 성취한다면 쉽게 빼앗기지 않을 것이다. 부를 성취하라.

 ## 부상의 아픔을 이겨내라

프로 운동선수에게 은퇴할 때까지 함께 가는 것이 있다. 그것은 부상의 위험이다. 일반 사람이 운동하다가 부상을 겪는 것과는 차원이 다르다. 일반 사람에게도 부상은 치명적이긴 하다. 그러나 운동을 업으로 삼아 하는 사람은 생계의 위험은 물론, 장래도 어두워진다.

부상 회복 후, 다시 운동을 시작하면 되지 않느냐고 생각한다. 당연히 그럴 수 있다. 우리가 접하는 스포츠 경기는 최고의 선수들만 올라왔고, 그 최고의 선수들은 금세 극복하고 경기장에 들어선다.

여기서 알아야 할 부분이 있다. 일반적으로 우리는 최고의 선수들을 우선적으로 본다. 그렇기에 그 선수들이 아무렇지도 않게 쉽게 극복하는 것처럼 보인다. 그러나 더 가까이 들여다보면 많은 운동선수에게는 안타까운 순간들이 많다.

최고의 프로 선수도 부상으로 자신의 좋은 몸을 잃어버리고 은퇴하는 경우도 많다. 단지 기억이 쉽게 안 될 뿐이다. 보는 사람은 또 다른 선수로 경기장이 메워졌기 때문에 허전함이 금방 지워지는 것이다. 그러나 그 선수의 허망함은 어떨까?

프로 운동 선수의 부상이 치명적인 이유는 재활이 우리가 생각하는 이상으로 어렵기 때문이다. 예를 들어, 축구 선수가 축구공을 차는 순간에 부상을 당했다고 가정하자. 부상 후에 재활을 통해 다시 경기장을 들어선다. 그러나 공을 차려는 순간, 자신도 모르게 움찔하게 된다. 그리고 재활하는 동안, 자신이 일궈놓은 운동하던 몸은 예전 같지가 않다. 그 상황 속에서 축구를 계속할 수 있을까? 실제로 들은 이야기다. 그 선수는 은퇴하고 다른 방향으로 다시 새로운 길을 개척했다. 이런 사실을 안다면 부상을 극복해 다시 좋은 몸을 끌어 올리는 선수들을 보면 존경심이 절로 든다. 그런 선수들이 최고로 기억이 되는 것이다.

 사실 우리도 다를 것이 없다. 우리는 프로 축구 선수는 아니지만, 대신 프로 인생러 아닌가? 먹고 자고 축구만 하는 것이 축구 선수인데, 우리 역시 먹고 자고 인생을 살아가지 않는가? 우리 역시 인생 속에 수많은 부상의 위험이 있고, 실제로 부상을 겪기도 한다. 극복이 힘들어 트라우마로 남기도 한다. 그럼에도 이겨내보자. 프로 운동 선수의 부상 극복 방법에는 의학적인 재활과 여러 가지 치료 방법이 있다. 그러나 인생의 회복은 방법이 없다. 그렇기에 더 다양한 방법으로, 크리에이팅으로 극복할 수 있다. 트라우마가 있는가? 큰 부상을 안고 있는가? 차근차근 천천히 스스로 재활해보자. 운동 선수는 기다리는 관중을 위해, 경쟁에서 뒤처지지 않기 위해 하루 빨리 경기에 돌아가야 하지만, 인생은 다르다. 나 스스로는 기다리면 된다. 완전히 회복해 세상을 누빌 수 있는 나를 위한 내 인생은 나의 경기장이기 때문이다. 내가 원하는 시간에 천천히 일어나보자.

# PART
# 06

# 세일즈가 진정한
# 콘텐츠를 만들어낸다

01  나의 콘텐츠를 찾는 사람들
02 자기계발의 끝판왕은 수익화다
03 수익을 극대화하는 'N'
04 지금 시대에 크리에이팅해야 한다
05 행복으로 비명을 질러라

# 나의 콘텐츠를
# 찾는 사람들

 **외계인과 접촉하는 아이들?**

'dkljgfkjazlka'

'ahlkerjkvjkz'

'마ㅓ돟아딜,.쿠후__걜'

이것은 무엇을 뜻하는 것일까? 규칙이 있는가? 메시지는 있는가? 언뜻 보면 알 수 없는 암호로 가득하다. 이 글은 4세 이하의 아이들이 만들어낸 메시지인데, 외계인과 교신하고 있는 걸까?

실은 조작에 익숙하지 않고 글을 깨우치기 전의 아이들이 스마트폰에 아무렇게나 누르는 메시지다. 이 메시지를 유튜브 검색 창에 넣으면 이렇게 입력된 키워드로 아이들을 위한 단순하고 귀여운 영상들을 비롯해 다양한 영상들이 재생된다. 유튜브의 제목이나, 재생 목록이 알 수 없는 외계어로 입력되었어도 글자를 잘 모르는 아이들이 보는 것이다. 어쩌면 이 순수하고 놀라운 아이들이 몰래 메시지를 주고받는지는 모를 일이다.

이제 갓 세상에 나와 잘 모를 아이들도 스마트폰을 통해 세상을 탐험하는 시대가 왔다. 새로운 세상을 탐험하고자 하는 욕구는 어린 사람에게만 나타나는 것이 아니다. 손으로 무언가를 집을 줄 아는 어린이부터 은퇴하고 노년을 즐기는 노인까지 다양하다.

이 다양한 사람들은 각각의 취향에 맞게, 필요에 맞게 상품을 구매하듯, 콘텐츠를 선정한다. 그러나 콘텐츠를 고르는 모든 사람의 마음을 충족할 수 있을까? 결론적으로 말하면 충족시킬 수 없다. 모든 사람을 충족시키기는 불가능에 가까운 일이다.

사람마다 개개인의 취향은 많이 다르며, 연령에 따라 선호하는 것에 차이가 많이 나기 때문이다. 어떤 사람이 나의 콘텐츠를 찾을지 상상해보라.

크리에이팅

## | Tip ▶ | 보다 많은 사람에게 콘텐츠를 누리게 할 수 있는 방법

### ☑ 언어의 장벽이 있는지 확인하라.

유튜브 콘텐츠에서 특별한 내용이 없어 보이는데, 조회 수가 많이 오르는 콘텐츠가 있다. 그 유튜브 크리에이터에게 물어보면, 우리나라에서의 조회 수가 아닌 경우가 많다고 한다. 유튜브는 전 세계인들이 보는 것이다. 이러한 콘텐츠들을 들여다보면 대사가 많이 없다. 언어의 장벽이 없기 때문에 다른 나라 사람도 보는 것이다. 예를 들면, 대사가 적은 먹방이나 반려동물이 나오는 콘텐츠다.

### ☑ 누구나 공감할 수 있는 코드가 있는지 확인하라.

사람이라면 쉽고 공감할 수 있는 콘텐츠를 노리면 된다. 어쩌면 식상한 신파가 꾸준히 영화나 드라마로 나오는 이유인 것이다. 공감 콘텐츠만 해도 많은 이야깃거리를 나눌 수 있다. 예를 들어, 군대 생활 공감, 대학 생활, 부모님 이야기 등이다.

### ☑ 예쁘거나 엽기적으로 하라.

콘텐츠에서 가장 빠르고 쉽게 성장하는 방법은 둘 중에 하나만 해도 충분하다. 예쁜 사람이 나와서 브이로그를 촬영한다면 조회 수는 그냥 오른다. 말이 더 필요 없다. 예쁘지 않으면 엽기적이면 된다. 그러나 엽기적인 콘텐츠는 가능한 한 하지 말아야 한다. 오래 하기 힘들다.

**유튜브 알고리즘** : 치킨 먹방만 계속 보고 있네?

**나** : 응. 이제 나 이거만 보고 잘 거야.

**유튜브 알고리즘** : 그래? 그런데 요즘 핫한 식초치킨 먹방도 있어.

**나** : 우와, 식초치킨이라는 게 있어?

**유튜브 알고리즘** : 응. 너랑 취향이 비슷한 사람들이 이건 꼭 보더라. 볼래?

**나** : 그래? 딱 이것만 보고 자야지! 얼른 보여줘!

**유튜브 알고리즘** : 그래. 꼭 이것만 보고 자. ㅋㅋㅋ

침대에서 누워 자기 전에 보는 유튜브는 시간 낭비라는 생각이 드는 듯해도 정말 재미있다. 그리고 이 유튜브는 알고리즘을 작동하는데, 내가 보았던 콘텐츠를 기반으로 비슷한 흥미 주제를 가진 콘텐츠를 볼 수 있게 노출한다.

유튜브가 치명적인 악마처럼 유혹하는데, 그 유혹의 맛은 정말로 달콤하다. 어쩌면 수십 년 동안 가까이 지내는 절친보다 더 마음을 잘 알아준다. 그렇게 10분만 보고 말아야지 했던 유튜브가 30분이 되고 3시간이 넘는 경우도 생긴다.

우리는 왜 이 알고리즘에 속을 수밖에 없을까? 학창 시절, 수학 시간 또는 컴퓨터 시간에 알고리즘이라는 것을 접한다. 이 알고리즘은 '예'와 '아니오'로 무한 반복되는 질문으로 시작되는데, 이것에 따라 원하는 결론을 낸다. 원하는 결론에 도달하지 않는다면 또 다시 원하는 방향으로 가게끔 다른 질문을 찾고, 원하는 결론에 도달하게 한다. 원하는 결과를 찾기 위해 이 과정을 반복한다.

그런데 이 알고리즘이 컴퓨터를 만나게 되면 정말 신기한 것이 탄생한다. 컴퓨터는 엄청나게 빠른 두뇌를 가지고 있기에 수없이 반복할 수 있다. 사람에게 반복시켰으면 인내심이 고갈한 나머지 화를 내거나, 신경질을 내겠지만, 컴퓨터는 화를 내지 않는다. 이렇게 착한 친구가 어디에 있을까?

온라인상에서 우리는 많은 것을 읽으며, 본다. 그리고 이것은 더 나아가 구매까지 이어진다. 이 중간에서 알고리즘이 매우 큰 역할을 한다. 우리가 어떤 물건을 팔기 위해서는 그것을 직접 말로 설명해야 하고, 그 취향을 분석해내야 한다. 그 취향을 알아내는 것은 정말 어려운 일이고, 많은 시간을 투자하게 한다. 그러나 온라인에서 알고리즘을 추가하면 쉬워진다. 구매하려고 하는 사람의 몇 번의 클릭은 자연스럽게 어떤 것을 구매할 것인지 자연스럽게 분석하고, 그에 맞는 것들을 노출한다. 얼굴을 보며 취향을 알아내고 분석하는 것이 아니라, 클릭 몇 번으로 그들의 마음을 꿰뚫는 것이다.

이 알고리즘은 유튜브뿐만 아니라 SNS와 앱 등 다양한 플랫폼에서 적용되고 있다. 그뿐만 아니라 산업 현장에서도 쓰이고 있다. 한 예로, 자율주행 자동차를 떠올려보자. 알고리즘은 지금 생활 곳곳에 녹아 우리와 가까이 있다. 이 알고리즘을 완벽히는 이해하지 못해도 인식한다면 우리는 더 편하고 쉽게 많은 것을 할 수 있다.

 ## 팔아보자 나의 콘텐츠

우리는 유튜브를 비롯한 다양한 플랫폼으로 사람들에게 콘텐츠를 제공할 수 있다. 이 플랫폼들은 상품을 진열해놓는 상점과도 같다. 사람들이 나의 콘텐츠를 사고 즐길 생각을 한다면 흐뭇해지지만, 정작 많은 사람들은 상점으로 들어오질 않는다.

그런데 알고리즘이라는 아르바이트가 콘텐츠 몇 점을 집더니 지나가던 사람들에게 무당처럼 단정적으로 "넌 이것을 봐야 해!"라며 무례하게 던져주는 것이 아닌가? 그런데 정말 재미있게도 사람들이 이것과 비슷한 것이 더 없냐며 물어본다.

가게의 주인인 우리는 어떻게 해야 할까? 가만히 지켜보고 있을 것인가? 알고리즘이 더 신나서 세상에 알릴 수 있도록 우리는 콘텐츠를 더 많이 만들어야 한다. 알고리즘이 보아도 좋아하는 콘텐츠, 사람들이 더 큰 흥미를 느끼고 생각의 변화를 줄 콘텐츠를 만들어야 한다.

| Tip ● | **알고리즘이 좋아하는 것**

### • 꾸준하게 진열하는 콘텐츠

알고리즘이 다른 콘텐츠를 주려고 하는데 진열장이 텅텅 비어 있다면, 아무리 착한 친구라도 일하려고 하지 않는다. 꾸준하게 진열해놓아야 계속해서 상점이 사람으로 북적이게 된다. 주 1회 1 콘텐츠로, 그리고 똑같은 시간에 꾸준히 하나씩 진열해보자. 그럼 매주 오는 사람은 늘어날 것이다. 그렇게 매주 똑같은 시간에 자연스럽게 그 상점이 떠오르게 된다.

### • 확실한 기능을 하는 콘텐츠

치킨 매장인 줄 알았는데 뜬금없이 화장품이 나온다면? 확실한 콘셉트, 확실한 콘텐츠로 접근하자. 열심히 치킨을 팔던 알고리즘이 또 다른 먹거리를 궁금해 찾은 사람에게 화장품을 내놓으면 실망하게 된다. 그리고 이왕이면 팔기로 한 콘텐츠를 강조하자. 콘텐츠 제목에 식초치킨 먹방이라고 한다면, 그것만 지속해서 강조하자. 다른 서브들은 메인을 돋보이게 하는 정도로만 하자. 치킨 매장에 아무리 맛있는 감자튀김이 있어도 감자튀김집은 될 수 없다.

### • 보기 쉬운 콘텐츠
맛있는 치킨 먹방을 보기 위해 왔는데, 화면 비율이 맞지 않아 보기가 불편하다면? 컴퓨터를 통해 보는 사람이 있을 것이고, 스마트폰으로 보는 사람이 있을 것이다. 그런데 한쪽만 배려한다면, 다시 찾기 싫어질 것이다. 최적화하자. 보기 좋은 편안한 색감, 구도, 그리고 인테리어를 꾸미듯이 채널 아트와 프로필도 조금씩 꾸며보자. 통일성 있게, 보기 좋게 꾸미는 것이다.

### • 또 찾게 되는 콘텐츠
한번 맛보았을 때 맛있으면 또 찾게 된다. 그런데 두 번, 세 번에 첫 번째만큼 못한 콘텐츠가 나온다면 과연 또 찾고 싶을까? 신기하게도 찾는다. 또 다른 느낌을 줄 수 있다는 것이다. 중요한 것은 꾸준함이다. 문제가 되는 것은 과도한 광고, 뜬금없는 정치 성향, 의도된 자극적 콘텐츠라면 그때부터는 신뢰를 잃게 된다. 첫 번째 콘텐츠만큼은 아니어도 된다. 꾸준히만 하면 또 다른 즐거움으로 다가갈 수 있다. 겁내지 말자.

### • 최신에 화제가 되는 콘텐츠
사람은 과거를 살지 않는다. 현재를 산다. 더군다나 알고리즘은 유행에 민감하다. 그럼 옛날 드라마가 뜨는 이유는 어떻게 설명하느냐고? 그게 유행이니까 또 뜨는 것이다. 촌스러운 것도 시간에 따라 언제든지 유행이 될 수 있다. 사람들이 지금 무엇을 좋아하는지 찾아보자.

알고리즘이 좋아하는 것은 꾸준한 활동의 유지, 최적화된 콘텐츠, 다음이 궁금한 콘텐츠, 신선한 콘텐츠다.

크리에이팅

# 자기계발의 끝판왕은 수익화다

 **수익, 다시 말해 적당한 돈은 있는 걸까?**

"돈이 없어서 끼니를 걱정하고, 가지고 싶은 것을 못 산다. 때로는 돈이 없어서 집에서 쫓겨나기도 하고, 배우고 싶은 것도 못 배운다. 가장 서러운 것은 사랑하는 사람 앞에서 돈이 없어 다른 핑계를 대며 화를 내고 못 해주는 것이 아니라, 안 해주는 것이라고 할 때다."

돈이 없으면 고통받게 되는 것 같다. 그러면 돈이 많으면 행복할까? 꼭 그렇지만도 않은 것 같다. 영화나 드라마 속 소재를 보면 유산 분쟁이라든지, 많은 돈을 보고 빼앗으려고 하는 사기 사건 등에 노출된다. 돈이 많은 만큼 돈을 관리하고 잃지 않기 위해 공부하고 노력한다. 그러면 적당히 가지고 있는 사람은 행복할까?

돈은 처음부터 적당히가 없다. 가져도 더 가지고 싶고, 남의 돈은 한없이 많아 보인다. 그래서 돈을 가지기 위해 많은 사람들이 노력한다. 그런가 하면 이 돈이라는 것은 끊임없이 흐른다. 세상이 변화하고 흐르는 것은 돈의 영향이라는 것은 틀림없는 사실이다.

사람들은 불행 덩어리로 보이는 돈에 왜 집착을 할까? 성공한 사람들은 돈이 중요하다고 떠들어댄다. 재미있는 것은 돈이 많고 깊이 있어 보이는 사람이 아주 진중한 목소리로 돈보다 소중한 것이 더 많다고 한다. 그러고는 돈은 종이 쪼가리에 불과하니 집착하지 말라고 한다. 돈 많은 사람이 그렇게 말하니 정말 아이러니하다. 그렇게 보면 돈이 신비롭게도 느껴진다. 그래서 옛날부터 돈의 흐름이라는 말을 많이 사용한다.

**부자들은 왜 수익에 집착할까?**

"부자들은 수익에 굉장히 집착한다. 그리고 돈을 사랑한다."

이 말은 사실일까? 사실이라면 그들은 수익과 돈밖에 모르는 사람이라서 나쁜 사람인 것이다. 정말 그럴까? 왜 부자들은 수익에 집착할까?

"어떤 유명 스포츠 선수는 자신의 팀을 위해서 꾸준히 헌신하고 다양한 이벤트를 통해 팬들과 많은 소통을 이루었다. 평생을 그 팀을 위해 충성할 것 같은 그 선수는 좋은 연봉조건으로 라이벌 팀으로 옮겼다. 그 선수의 유니폼을 입은 아이는 실망감에 울었고, 일부 광팬들은 돈에 환장한 배신자라며, 불을 지르고 생명의 위협을 가하기까지 했다."

이런 이야기는 어떤 스포츠 리그에서나 쉽게 볼 수 있는 사례다. 그는 왜 그랬을까? 정말 돈에 환장한 선수라서 그런 것일까? 우리는 수십억, 많게는 수백억, 수천억 연봉의 선수 이야기를 듣고 부러워한다. 그리고 그 몸값을 가진 선수는 어딜 가든지 화제가 되고, 주인공이 된다. 많은 사람들은 이 선수처럼 인생의 주인공이 되고 싶어 한다.

많은 사람들은 훌륭한 선수를 다양한 기준으로 평가한다. 세부적으로 실력부터, 외모, 자기 관리, 인성, 팬들을 대하는 자세, 그리고 철학, 심지어 가정생활 등 사생활까지 다양한 기준으로 평가받는다. 그러나 그것보다 직관적이고 설명이 필요 없이 쉽게 평가를 받을 수 있는 방법이 있다. 바로 몸값이다.

물론 선수들은 트로피와 같은 명예를 좋아한다. 그럼에도 돈으로 능력을 인정받는 것은 어느 누가 봐도 평가가 쉽기 때문이다.

하지만 돈은 능력일 수 있지만, 돈이 능력의 전부가 될 수 없다. 돈이라는 능력을 또다시 어떻게 활용하느냐가 중요하다. 진정한 부자는 가족과의 시간을 굉장히 사랑하고 소중하게 여긴다. 그리고 자기계발에 대한 시간 투자도 굉장히 많이 한다. 그런데 그들은 왜 수익과 돈에 집착할까?

좋은 물건을 사기 위해서는 무엇이 가장 필요할까? 질 좋은 교육을 받으려면 무엇이 필요할까? 투자를 통해 또 다른 영역을 확장하려면 무엇이 필요할까? 바로 돈이다. 돈이 많으면 어떤 것을 이룰 때 시간을 단축할 수 있다. 다시 말해, 내가 원하는 것을 하기 위해서 시간 절약을 가장 잘 해줄 수 있는 도구가 바로 돈이다. 부자들은 자기들의 시간을 다른 수단이 절약해준다면 망설임 없이 돈을 버릴 준비가 되어 있다.

수익이 명예가 될 수 있을지는 사람들의 생각에 달렸다. 그러나 당신이 일을 맡기게 된다면 먼저 무엇을 볼까? 연 매출 1,000억대의 기업에 맡길 것인가? 시장 표창을 받은 기업에 일을 맡길 것인가?

트로피와 같은 명예는 정말 중요하다. 그러나 그런 것보다 수치가 보인다면 얼마나 더 신뢰가 갈까? 그것도 수익으로 말이다. 수익을 신경 써보자. 좋은 상을 받는 것도 기분이 좋지만, 수익을 통해 세상에 인정받는 것도 정말 즐거운 일이다.

1만 유튜버만 돼도 굉장히 훌륭한 유튜버다. 그러나 나의 구독자가 800명에서 멈춰서 오르지 않는다면, 구독자 800명 유튜버로 소개할 것인가? 나의 콘텐츠를 열심히 열어보자. 800명의 구독자를 보유했다면 콘텐츠 중에 1만 뷰가 달성된 것이 있을 것이다. 그럼 다시 설명해보자. 1만 뷰 유튜버라고 하면 조금 더 사람들의 기억에 와닿을 것이다. 그러나 콘텐츠 역시 1,000뷰 정도에 지나지 않는다고? 그렇다면 내가 만들어낸 콘텐츠의 뷰를 통합해보자. 그러면 채널조회 1,000뷰 유튜버가 된다. 그렇게 자기 소개를 하면 된다. 그러면 사람들 기억 속에 오래 남을 것이고, 자연스럽게 조회를 하게 될 것이다. 그것마저 안된다고? 그럼 열심히 콘텐츠를 꾸준히 올려보자.

 움직이는 수익, 가만히 있는 수익

많은 사람들이 공무원 시험을 준비하고 있다. 공무원이라는 직업은 정말 멋있고 좋은 직업이다. 내가 생각하는 대한민국 공무원은 국민을 위해 봉사하고, 그것을 통해 국가 발전을 일으키는 진정한 애국자다. 그러나 지금의 공무원 준비생들은 대부분이 안정적인 직장, 안정적인 보수, 안정적인 정년, 이것들을 우선적으로 생각하고 준비한다. 나는 그 부분을 먼저 생각하고 집착하는 사람들을 비난할 마음은 없다. 세상은 많은 것이 변했고, 겉으로는 풍족해 보이지만 우리는 안정에서 오는 행복이 떨어져가고 있는 사회에 살고 있다. 그렇기에 많은 사람들이 안정에 집착하게 된다. 당연한 현상이다. 통신의 발달로 사람 간의 접촉은 최소화되었다. 자연스럽게 공동체 속에서 오는 안정감은 비효율로 취급되었고, 우리는 점점 안정과 거리가 멀어지기 시작했다. 그렇게 외로움에서 시작된 우리는 안정을 찾아 나서기 위해 안정적인 직장부터 찾기 시작한다.

안정적인 직장을 가졌지만, 또 다른 고민이 있다. 월급을 꾸준히 받아가지만, 부동산, 주식 등등 다른 재테크를 공부해야 한다. 그렇지 않고서는 적당할 것이라 생각했던 월급이 한없이 적게만 느껴진다. 고정되어 있을 것이라는 이 수익이 시간에 따라 움직이는 것이다. 월급은 찔끔 오르는 것 같은데, 물가는 계속해서 가파르게 오르고 있다. 어릴 적 아버지가 받던 월급과 지금 받는 보통의 월급에 큰 차이가 없어 보인다. 사업한다고 안정적인 직장을 버린 이해 못 할 친구가 이제는 다르게 보인다. 돈은 흐른다는 것이 이제 체감될 것이다.

## 03 수익을 극대화하는 'N'

**N잡러**

"나 힘든 거 알잖아. 직장에서 일하고, 밤늦게 대리 뛰고 힘들어."

생활이 어려워져 직장 생활과는 별개로 몰래 대리 운전을 하면서 열심히 투잡 하는 모습이 떠오를 것이다. 몰래 투잡을 한다는 것은 무언가 힘든 사연이 있는 것으로 보인다.

과거에는 직장 규정에 '겸업(투잡) 금지'라는 것이 있었다. 그런데 왜 '겸업 금지'가 생겨났을까? 직장 생활에 집중해야 하며 겸업을 통해 다른 곳에서의 부정적인 유착을 막기 위해서다.

그러나 지금은 상황이 변하고 있다. 예를 들어, 동물병원 직원이 동물 돌보는 일뿐만 아니라, 개인적으로 영상 편집 일을 하고 있다면 어떨까? 과거에는 겸업하지 말라고 하며 본분에 충실할 것을 요구할 것이다. 그런데 동물의 질병에 대해서 간단하게 팁을 전달해주는 영상을 제작해서 내보내면 어떨까?

공무원 중 학교 교사도 교육의 더 폭넓은 전달을 위해 유튜브를 한다. 그뿐만 아니라 이를 통해 숨겨왔던 끼를 마음껏 펼치기도 한다. 이에 따라 겸업 금지에 대한 논의가 새롭게 조명되었다. 과거라면 불가능한 일이다. 그러나 지금은 정부기관이 지침을 마련해 직무와 관련된 한도 내에서 허용된다.

공무원 역시 이런 제한이 없어진다는 것은 우리에게 큰 의미가 있다. 두 직업의 융합으로 더 창의적이고 새로운 형태의 콘텐츠가 등장한다. 이것이 융합의 크리에이팅이다. 새로운 콘텐츠 등장으로 기존의 콘텐츠에 활력을 불어넣는 것이다.

**주 40시간에 우리는 무엇을 해야 하는가?**

**제50조(근로시간)**
① 1주간의 근로시간은 휴게 시간을 제외하고 40시간을 초과할 수 없다.
② 1일의 근로시간은 휴게 시간을 제외하고 8시간을 초과할 수 없다.
③ 제1항 및 제2항에 따른 근로 시간을 산정함에 있어 작업을 위해 근로자가 사용자의 지휘·감독 아래에 있는 대기 시간 등은 근로시간으로 본다. 〈신설 2012. 2. 1.〉

어린 시절, 주 5일제 시행은 너무나도 큰 충격이었다. 토요일은 오전 수업만 하는 날이라 온종일 들떠 있었다. '놀토'를 겪어본 세대는 아직도 그날의 여유로움과 행복함을 생생하게 기억할 것이다.

정부에서 주 40시간을 시행했다. 자기계발에 대한 욕구가 강한 세대에게는 너무도 좋은 정책임은 틀림없다. 많은 휴식 시간이 생기고, 취미나 흥밋거리를 찾을 수 있는 시간이 더욱 늘어나는 것이다.

자연스럽게 여행이나 음식점을 찾아 떠나 또 다른 경제 흐름으로 이어질 것이다. 그러나 걱정거리도 생긴다. 월급이 줄었다는 것이다. 쉬는 날은 많아졌지만 무작정 환영만 할 상황은 아니라는 것이다. 여행이나 취미 거리를 즐기려면 돈이 든다. 그리고 물가는 계속 오르기에 더 많이 체감될 것이다. 집에서 유튜브와 넷플릭스를 보는 일이 더욱 많아지게 된다.

그렇다면 그냥 계속 집에만 있을 것인가? 두 가지 중 하나를 선택해야 한다. 돈을 더 벌 것인가? 아니면 돈이 들지 않는 휴식을 취할 것인가? 단순히 노는 시간이 많아지는 것이 아니다. 주 40시간에 맞춰서 우리는 무엇을 해야 할지 고민해야 하는 시점이다.

 **크리에이팅 투자**

월급은 고정되어 있음에도 하루가 무섭게 오르는 물가는 살인적이다. 물가라는 실체가 있다면 머리끄덩이라도 잡고 싶은 심정이다. 그러나 어쩌겠는가? 이런 상황에서도 우리는 살아남아야 한다. 주위를 둘러보자. 부동산, 주식부터 해서 다양한 재테크가 등장해 많은 사람들이 많은 시간을 투자한다.

여러 가지 재테크에 실패하게 되면 손실이 매우 크다. 한때 비트코인 열풍이 불면서, 많은 직장인과 대학생들이 투자했다. 물론 성공한 사람도 있다. 문제는 실패한 사람이다. 오르기를 바란 수익 그래프가 오르지 않고 곤두박질치자 주먹으로 모니터를 부순 후기, 화장실을 가다 잃은 돈에 화가 나 문을 박살 낸 후기, 밥 먹다가 밥상을 엎은 후기 등 다양한 후기들이 넘쳐났다. 어떤 사람들은 극단적인 선택을 한 사람들로 한강 물 수위가 상승했다는 무서운 이야기들을 늘어놓기도 했다.

그렇다면 열심히 일해서 저축만 하는 것은 좋은 방법일까? 최소한 잃지는 않으니 나쁜 방법은 아니지만, 결코 좋은 방법은 아니다. 돈의 가치는 시간이 지나면 지날수록 한없이 떨어진다.

이제 투자는, 잃게 되더라도 적은 손실을 따져야 한다. 현존하는 최고의 적은 손실의 투자는 크리에이팅이다. 크리에이팅은 시간만 투자하면 된다. 음식점을 간다면 거기서 사진을 여러 장 찍어서 올려라. 영상으로 먹는 모습을 담아 유튜브에 업로드하라. 그러면 어떤 일이 벌어질까? 궁금하던 사람은 매번 갈 수 없기에 검색해볼 것이다. 가볍게 올렸던 그 콘텐츠는 다른 사람에게 소중한 정보를 제공하게 된다. 다시 말해, 그 사람들은 시간을 사용해서 콘텐츠를 사가는 게 되는 것이다.

**인플루언서** : SNS 활동으로 많은 인지도를 가지는 일반인. SNS 기반으로 많은 사람에게 영향력을 줄 수 있다. 신종 직업으로 뜨고 있다.

많은 사람들이 파워 블로거로, 유튜버로 다양하게 활동하면서 콘텐츠를 제공한다. 그리고 인플루언서의 등장으로 연예인들이 나오는 광고만 보던 시대에서 조금 유명하고 친근한 일반인에게 정보를 얻게 되었다. 제공된 콘텐츠를 보기 위해 많은 사람이 들락날락하며, 거기서 노출되는 여러 가지 상품들이 자연스럽게 광고가 되는 것이다. 콘텐츠를 찾고, 만들어서, 제공하는 것이 바로 크리에이팅이고 이 크리에이팅으로 투자를 하는 것이다.

# 04

# 지금 시대에 크리에이팅해야 한다

 **아버지의 월급과 내 월급**

지금 일반적인 직장인 월급과 과거 20년 전 아버지의 월급을 비교하면, 어느 정도 차이가 날까? 지금 신입이 받는 월급이 200만 원 정도라면 과거 20년 전 신입의 월급은 150만 원 정도다. 그때의 물가는 어땠을까? 집값만 본다면, 아파트값은 수십 배로 올랐다. 월급은 아주 조금 오른 반면, 꼭 필요한 주거공간이 너무 많이 오른 것이다.

아버지 세대는 자신들도 힘들었으니 버티라고 한다. 그래도 꾸준히 일하고, 돈을 저축하니, 집도 사고, 차도 사고, 그렇게 우리를 키워나갔다고 하신다. 분명 누구보다도 더 열심히 살아오신 것은 확실하다.

　지금 우리 젊은 세대가 취업에 성공해서 꾸준히 일하고, 저축한 다면 평범하다고 생각했던 아버지의 모습을 가질 수 있을까? 아버지로부터 큰 재산을 받는 것이 아니라면 꿈도 꾸기 힘들다. 일도 일이지만, 돈을 더 주는 것을 찾아야 한다. 그러기 위해선 퇴근 후에도 공부해야 하고, 스스로의 꿈을 위한 자기계발이 아닌 생존을 위한 자기계발로 내몰리고 있다. 눈을 낮춰 작은 회사부터 시작하라는 말이 너무도 허망하게 들린다.

 ## 정부에서 개인으로

　70년대, 80년대, 그리고 90년대 우리나라는 눈부신 성장을 이루었다. 이 공은 그때 세대의 큰 노력이 확실하다. 굶어 죽던 일이 많았던 배고픈 시대를 지나 안 굶어도 되는 시대가 되었고, 어느 순간 배부르게 먹게 되었다. 지금은 많이 먹어서 걱정하는 시대가 되었다.

　발전 가능성이 많은 시대에서 발전을 이룩해내었다. 그것도 개인보다는 공동체의 힘으로 이루었다. 지금은 발전 가능성이 많은 시대일까? '헬조선'이라는 말이 생겨날 정도로 많은 사람들이 절망의 시대라고 생각한다.

하지만 사실은 절망의 시대가 아니다. 지금도 여전히 발전 가능성의 시대다. 단지, 공동체로 이루어가는 것보다 개개인이 이루고 성취해야 하는 시대인 것이다. 공동체 속에서 오는 안정감은 이제 기대하기 힘들다. 조금만 잘못되어도 주위에 의지할 수 있는 사람이 없는 시대이기에 외로움과 두려움을 크게 느끼게 된다.

시대적 흐름은 회사에 다니는 직장인들의 마음가짐을 보면 알 수 있다. 과거에 우리는 조직을 위해서 충성해, 한 단계, 한 단계 승진하고, 공동체에서의 위치를 생각하는 꿈을 가졌다. 왜냐면 공동체이기 때문이다. 하지만 지금은 공동체보다는 자신 스스로 개인의 기준에 비추어서 생각한다.

정부의 역할도 변했다. 과거에는 전 국민의 배고픔을 해소하기 위해서 큰 사업을 계속 이루어나갔고, 그 속에서 많은 부작용이 오갔다. 공동체만을 생각하다 보니 개인의 권리는 나중에 고민해야할 문제로 넘겼다. 그렇게 국민 모두가 노력해서 배고픔을 걱정 안해도 되는 시대가 왔다. 이것이 공동체 전체에게 큰 성취감을 주었고, 앞선 부모 세대들은 꿈과 희망으로 가득찬 나날들을 누려왔던 것이다. 배고픔을 해결해주는 것만큼 큰 성과는 우리나라에서는 앞으로도 없을 것이다.

이제 정부는 국민의 배고픔을 해결할 필요가 없다. 개인의 생각과 꿈을 어떻게 배고프지 않게 해야 하는지가 큰 고민이다. 가장 일을 잘하는 정부는 국민의 몸과 마음을 풍요롭게 하는 것이다. 지금은 몸은 풍요로울지 몰라도 많은 사람들이 마음의 부족함을 느낀다. 외로움과 슬픔을 더 많이 느끼게 되는 것이다.

개개인의 성향은 무엇을 꿈꾸는지, 무엇을 이루고자 하는지 한곳에 모이지 않는다. 이제는 공동체에 의지하는 것이 아니라 스스로의 즐거움과 꿈을 찾아야 한다. 이제는 정부가 정하고 주도하는 것이 아니라, 개인이 주도하고 세상을 크리에이팅할 수 있게 서포트해줘야 하는 시대가 온 것이다.

다시 말해, 공동체보다는 스스로의 힘으로 이끌어갈 시대가 온 것이다. 크리에이팅이 필요한 시대다. 다만, 정부에게 우리가 꿈을 이루어가는 데 움직여달라고 끊임없이 요구하자. 양 많고 배만 부른 나라가 아니라, 질 좋고 모두가 행복한 나라를 만들어달라고 말이다.

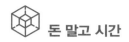 

크리에이팅 강의를 할 때 정말 흥미로운 현상을 보게 된다.

어떤 센터와 함께 손잡고 무료 강의를 열었다. 제시간에 오는 수강생들이 몇 명 없었다. 소수의 수강생을 제외한 많은 수강생이 지각하거나 개인 사정이 생기면 결석을 하기도 했다. 처음에는 스스로를 자책했다. 강의가 좋지 않거나, 변화를 충분히 줄 만한 내용이 없어서 그런 것이라고 생각했다.

그러나 여러 번 진행하면서 깨닫게 되었다. 이것이 무료 강의이기 때문에, 다른 중요한 약속이 생기면 쉽게 미루어도 되는 것이라 생각한다는 것이다. 예를 들어 이 강의를 수강하러 오는 길에 무료로 식사 쿠폰을 주는 이벤트가 있다면, 잠시 지각해도 된다는 생각이 스멀스멀 올라올 것이다.

반면, 비싸고 소수정예로 이루어지는 강의의 수강생은 다르다. 적지 않은 돈을 투자했기에, 열심히 수강한다. 때로는 일찍 와서 공부하기도 하며, 질문도 계속한다. 수업 중에 수강생에게 전화가 올 때 확실히 느낀다. 무료 강의를 듣는 수강생은 바로 나가서 전화를 받는 반면, 비싼 강의를 듣는 수강생은 다른 곳에서 전화가 올 때,

다시 전화하겠다며, 바로 전화를 끊는다. 이런 자세를 보면서 내 스스로도 많은 동기부여가 되며, 자연스럽게 강의 질이 올라간다.

그럼에도 불구하고 잊히지 않는 사람들이 있다. 무료 강의임에도 시간에 맞춰서 오고, 질문도 계속해서 했던 수강생들이다. 강의는 무료일지라도, 누구보다도 열심히 수강한다. 그러면 더 알려주고 싶고, 더 챙겨주고 싶어진다. 그리고 그들에게 크게 배우는 것이 있다. 돈보다 이 강의 시간에 투자한 시간을 값지게 생각하는 것이다.

그렇게 열심히 열정을 쏟던 수강생은 계속 무엇인가 하려고 한다. 배운 것, 투자한 시간을 바탕으로 크리에이팅한다.

세상의 어떤 곳에도 배울 것이 있다. 무료든 유료든 배울 요소가 너무도 많다. 배움에 많은 돈을 쓴다고 해서 꼭 좋은 것이 아니다. 다른 것은 몰라도 배움에는 시간은 소진될지언정, 반드시 돈이 소진되는 것은 아니다. 그렇다고 배움에 시간을 무작정 쏟으라는 것이 아니다. 배우는 시간의 질을 올리자. 그 방법이 크리에이팅이다. 세상에서 오는 크고 작은 변화를 예민하게 받아들이고 크리에이팅 해야 한다.

# 05

# 행복으로
# 비명을 질러라

 **착한 AI가 나쁜 AI보다 무섭다**

우리는 스마트 시대에 살고 있다. 스마트폰, 스마트냉장고, 스마트전등, 스마트티비, 스마트세탁기 등등 일상기기에 '스마트'라는 말이 붙으면서 사람이 직접 조작했었던 부분을 쉽게 만들어준다. 내 일을 대신해주는 스마트기기로 세상에 가득 넘치기 시작했다.

수십 년 전에는 은행 업무를 하기 위해서 반드시 은행을 찾아가야만 했다. 그 후 은행까지는 아니더라도 집에서 가까운 기계를 찾으면 되었다. ATM기의 등장으로 은행까지 가기 위해 버스기사, 은행원을 만나야 하는데, 그 과정이 생략되었다.

| | 행동 | 해야 하는 일 |
|---|---|---|
| 은행 | 돈을 입출금하기 위해 버스를 타고 은행에 도착해, 은행원을 만나 처리한다. | 교통수단을 이용한다.<br>은행원을 만난다. |
| ATM | 돈을 입출금하기 위해 걸어서 ATM기기를 찾아 처리한다. | ATM까지 걸어간다. |
| 스마트폰 | 돈을 입출금하기 위해 은행 앱을 열어 처리한다. | 손가락으로 스마트폰을 조작한다. |
| AI기능<br>탑재<br>스마트폰 | 돈의 입출금을 나의 경제 소비패턴에 맞게 알아서 처리되었고 AI가 실시간으로 알려준다. | 보고 받는다. |

그리고 지금은 터치 몇 번으로 은행에서 업무를 볼 수 있는 스마트뱅킹이 등장했다. 은행뿐만이 아니다. 음료수를 먹기 위해서는 슈퍼마켓을 찾아야 했지만, 곧 자판기가 등장했고, 이후에는 온라인 쇼핑몰의 등장으로 몇 번의 터치만으로 쉽게 구매할 수 있다. 그 외에도 많은 기술적인 부분이 로봇과 스마트로 대체되었다.

더 흥미로운 것은 빅데이터 시대가 오면서 데이터를 분석하고 최적의 결론을 도출해내는 것이다. 사용자가 생각할 필요 없이 똑똑한 AI가 알아서 일을 처리하는 것이다.

내 일을 내가 하기 싫다면, 다른 사람에게 적당한 돈을 주며 시켜야 한다. 그리고 사람을 뽑아야 하고 숙련도가 올라가면 그에 맞춰 돈을 더 쥐야 한다. 때로는 불만이 없는지 감정 소모도 필요하다. 반면, AI가 한다면 이야기는 달라진다. 기름값과 유지만 하면 된다. 감정 소모도 필요 없다. 너무도 기쁘고 사랑스럽게 여겨질 것이다.

그런데 사람보다 AI가 일을 더 잘한다면? 사장의 입장에서 어떨까? 윤리도 중요하지만, 그에 못지않게 정말 중요한 것이 투자 대비 얻는 수익이다. 지금도 관리만 조금 해주면 열심히 일하는 AI 기계는 돈을 더 달라고 한다든지, 투정을 부리는 일이 없다. 너무도 착하기에 우리 사람에게는 위험하다. 차라리 악당처럼 행동하면 부술 수라도 있지, 그러기엔 너무도 착하다.

 **혁명을 누리자**

근대 산업혁명인 기계의 발달로 대량 생산이 가능해졌다. 한 땀, 한 땀 손으로 만들어 작업하던 것을 공장의 기계로 대량 생산이 가능해졌다. 이제 사람은 일을 더 할 필요가 없다. 2시간 걸려서 옷을 한 벌 완성했다면, 공장에서는 몇 분이면 옷 한 벌이 생기는 것이다. 옷을 만드는 사람은 몇 분이면 2시간치 일이 완성되었으니 일을 더 많이 안 해도 된다. 기계가 사람의 일을 대신해서 일하는 시간은 줄고 노는 시간은 더욱 늘어나는 것이다. 얼마나 행복한 시대였을까?

그러나 실상은 참혹했다. 더 많이 팔기 위해 공장에서 많은 옷을 찍어내고, 자기 나라에서 다 팔고 남는 옷을 처리하기 위해서 주위 다른 나라들에 강매하기 시작했다. 그리고 이 강매를 하기 위해서 식민지 점령을 하기 시작했다.

행복만을 줄 줄 알았던 이 혁명은 공장에 더 많은 노동자를 필요로 했다. 아이와 노약자에게도 미친 듯이 일을 시켰다. 하루에 10시간은 우습게 일했으며, 12시간 일하기도 했다. 그리고 식민지 전쟁으로 인해 많은 사람들이 고통받았고, 죽어갔다. 혁명을 통한 과학 기술의 발전은 있었지만, 사람을 향한 발전은 없었다.

"근대의 산업혁명은 머리로는 이루어졌지만, 가슴으로 이루어지지 않았다. 가슴 속 인류를 향한 것이 아니라, 머릿속 이익 계산만을 위한 혁명이었다."

지금은 3차, 4차 산업혁명으로 기계를 조작하는 것이 아니라, 알아서 일하게 되는 시대가 되었다. AI로 우리의 손을 까딱할 필요도 없다. 자연스럽게 우리에게 자유시간이 늘어난다. 그런데 정말 그럴까?

3차 산업혁명으로 정보화되면서 일 처리는 더 빨라졌다. 일일이 문서를 전달하고, 쓰고 했던 것을 컴퓨터와 통신으로 쉽고 빠르게 처리가 가능해졌다. 짧은 시간 내에 컴퓨터를 다룰 수 있는 사람이 컴퓨터로 일하면 여러 명이 보던 업무와 차이가 없어지는 것이다. 회사는 컴퓨터와 그것을 다룰 수 있는 소수의 사람만 필요하게 되었다. 그 시기에 취업률은 떨어지기 시작했고, 일하는 사람은 많은 업무를 처리하기에 취업해도 행복하지가 않다.

4차 산업혁명으로 AI라는 아주 똑똑한 것이 등장해 일하는 사람은 일자리에 크게 위협받게 될 것이다. 풍요롭지만 풍요롭지 못한 세상이 되는 것이다. 1, 2차 산업혁명은 공장을 소유한 사람이, 3차는 정보를 소유한 사람이, 4차는 AI를 소유한 사람만 행복을 누리는 구조가 되는 것이다. 굶어 죽진 않겠지만, 양극화가 심해지면서 더 큰 취업난이 생겨날 것이며, AI를 소유한 사람에게 의지하게 될 것이다.

AI를 소유한 사람들도 필요로 하는 것이 있다. AI는 빅데이터 기반으로 만들어지기에 콘텐츠가 있어야만 가치가 생겨난다. 그렇다면 우리 모두가 데이터를 가지고 있으면 된다. 우리는 크리에이팅으로 우리만의 콘텐츠를 가지고 있으면 되는 것이다.

크리에이팅

산업혁명의 차수를 거듭하면서 사람들은 교훈을 얻었다. 독점하면 비극이 일어난다는 것이다. 상호 간의 견제가 필요하다는 것을 알게 되었고, 나눠야 된다는 것을 깨달았다. 여기서 복지라는 개념이 시작된 것이다. AI와 정보를 소유한 사람이 있다면 가지지 못한 사람은 크리에이팅으로 AI와 정보의 가치를 끌어 올려 자신의 것으로 만드는 것이다.

알고리즘으로 움직이는 유튜브, 인스타그램, 블로그 등을 나의 콘텐츠로 크리에이팅한다면 이 알고리즘은 나의 것이 되는 것이다. 크리에이팅으로 혁명의 중심에 서서 행복을 누려야 한다.

 ## 모두가 누리는 행복한 크리에이팅

어떤 착한 노인이 죽게 되어 저승에 가게 되었다. 천사는 착하게 살았으니 천국으로 가자며 안내했다. 그러나 가는 길에 지옥이 있어 지나서 가자고 했다.
지옥에 도착했다. 지옥에는 먹음직스럽고 다양한 음식들이 널려 있었다. 그 앞에 표지판이 꽂혀 있었다.

**'반드시 제공하는 포크로만 먹을 것'**

제공된 포크는 길이가 엄청 크고 길었다. 포크를 찍어도 너무 크고 길어서 입으로 가져다 댈 수가 없었다. 그럼에도 불구하고 사람들은 음식을 차지하려고 긴 포크로 서로 찌르기까지 했다.

이런 모습을 본 노인은 보기만 해도 고통스럽다며 빨리 천국으로 가자고 했다. 천사는 천국이 바로 옆에 있다고 했다.

바로 옆의 천국에 도착했다. 아니나 다를까 지옥과 다름없이 많은 음식들이 있지 않은가? 그리고 표지판을 보았다.

**'반드시 제공하는 포크로만 먹을 것'**

그런데 천국에는 비명소리가 아닌, 웃음소리밖에 들리지 않았다. 노인은 놀라 주위를 둘러보았다.

사람들은 크고 길이가 긴 포크를 찍어 서로의 입에 가져다주었다. 서로의 이야기를 듣고 서로의 원하는 것을 입에 가져다주었다.


A라는 크리에이터가 유튜브 영상을 올렸다. 사람들은 그것을 보기 위해 스마트폰의 유튜브를 연다. 그러나 사람들은 A의 유튜브 영상만 보는 경우도 있지만, A의 유튜브 영상과 비슷한 B라는 크리에이터의 영상도 보게 된다. 그러면서 다양하게 유튜브 영상 콘텐츠를 즐기게 되었고, 그것을 즐기는 시청자는 다시 유튜브를 하게 된다.


일주일 지나 시청자는 B크리에이터가 올린 유튜브 영상이 생각나 유튜브를 켜게 되었고, 그러다 A크리에이터 영상뿐만 아니라 C크리에이터도 보게 되고 계속해서 다른 유튜브 콘텐츠를 다양하게 즐기게 된다. 그러다 A크리에이터와 B크리에이터는 함께 콜라보

레이션 콘텐츠를 만들기도 하고 더 많은 이야깃거리들을 크리에이 팅해낸다. 서로가 꾸준하게 자신만의 콘텐츠를 크리에이팅해낸다면 원원 하는 구조인 것이다.

크리에이터는 자신만 잘되리라고 생각하면 안 된다. 크리에이터의 세상은 알고리즘으로 내가 잘되면 연달아서 나와 비슷한 생각을 가진 사람도 잘되는 것이다.

크리에이팅이 어디를 향해 있는가? 스스로에게 향해 있다면 당장 접어야 한다. 크리에이팅의 끝은 사람이다. 크리에이팅은 스스로를 위한 것이 아니라 사람을 위해, 그리고 세상을 위해 이루어져야 한다.

 **행복을 가까이, 성공을 가까이**

"몸이 멀어지면 마음도 멀어진다."

연인 사이에서 가까운 곳에서 함께 지내다가 학교, 직장 등의 일로 몸이 멀어지게 되면, 자연스럽게 마음도 멀어지게 된다. 모두가 그런 것은 아니지만, 많은 사람이 공감한다.

반대로 적용해도 똑같다. 마음이 멀어지면, 몸도 멀어진다. 마음에도 없는 행동은 지속하기 어렵고, 마음에도 없는 말들은 몇 번은 가능하지만, 계속하기 힘들어진다. 그렇기에 사람들은 하기 싫은 일을 오래 곁에 두지 못한다. 싫은 사람과 잠깐은 있을 수 있어도 오래 함께하지 못한다.

그럼에도 불구하고 몸을 가까이하면 어떨까? 계속해서 몸을 가까이한다면 마음이 움직일까? 확신한다. 몸을 가까이하면, 마음도 움직여진다. 성공이라는 단어를 계속해서 내 입에 맴돌게 하면 어떻게 될까? 반대로 부정적인 단어를 계속 입에 담으면 어떻게 될까?

곁에 성공을 가까이 둬야 한다. 몸 주위에 성공과 같은 좋은 것들로 채워보는 것이다.

우리는 배가 고파서 밥을 먹는 걸까? 잘 생각해보자. 배가 고파서 먹는 끼니보다 먹고 싶어서 먹는 끼니의 비율이 어느 정도인지를. 우리는 물건을 살 때도 고민한다. 생존에 필요한 물건을 살까? 아니면, 단지 가지고 싶어서 구매하고 찾아 나서는 것일까? 사람의 소유욕은 끝이 없다. 그럼에도 재미있는 것을 소유하면 큰 즐거움을 느낀다. 소유하고 싶어 그 목표를 가지고 행동할 때는 소유보다 더 큰 즐거움을 느낀다. 행동으로 즐거움을 가까이하자. 즐거움, 그리고 성공을 말로 계속해서 나의 근처에 행운과 행복으로 가득 채워보자.

가까이하고 싶은 것을 생각하고, 그것을 찾아가 보자! 지금 바로 시작하자!

## |Q| 가까이하고 싶은 것을 써보자

**근처에 두고 싶은 것**

**가지고 싶은 것**

**10년 후 나의 모습**

# APPENDIX

# 부록

① 브레인스토밍
② 기획서
③ 콘티

## ① 브레인스토밍

1. 큰 원에 가장 우선하는 콘텐츠 또는 제일 좋아하는 것을 넣는다.
2. 선을 하나 그어 작은 원을 만든 뒤, 연관이 있든 없든 상관없이 3초 안에 생각나는 단어를 넣는다.
3. 그렇게 여러 가지 단어들로 계속 조합해서 콘텐츠를 크리에이팅한다.

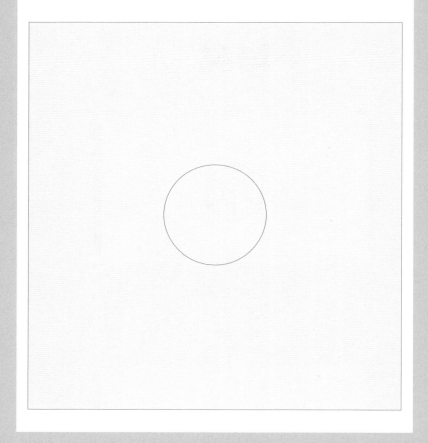

크리에이팅

## ② 기획서

타이틀 :

| 기획날 | | 기획마감 | |
|---|---|---|---|
| 주제 | | | |
| 영상 | | | |
| 소리 | | | |
| 정보 | | | |
| 재미 | | | |

| 사용장비 | | | |
|---|---|---|---|

| 기대효과 | | | |
|---|---|---|---|

# ③ 콘티

| # | 장소 | 시간 | 준비 | |
|---|---|---|---|---|
| 화면 구성 | | | 지문 | 대사 |
| | | | | |
| | | | | |
| | | | | |
| | | | | |
| | | | | |
| | | | | |
| | | | | |

## 나의 꿈은 지금부터

우리나라에서 다이어트를 안 한다는 사람을 본 적이 거의 없다. 대부분의 사람들이 다이어트를 하는 것 같다. 우리는 다이어트를 하다가 꼭 야식을 먹을 수밖에 없는 순간을 맞이한다. 늦은 밤, 기름진 윤기로 유혹하는 양념치킨의 향기. 결국, 먹을 수밖에 없는 순간이 되었다면, 먹어야만 한다면, 여기서 우리는 두 가지 부류의 사람을 관찰할 수 있다.

울상을 지으며 죄책감에 몸부림치며 먹는 유형과 이 상황은 운명이니 받아들이며, 다음에 운동 또는 식단 관리를 더 열심히 할 생각으로 그 순간을 즐기는 유형이다. 똑같은 시간, 똑같은 음식을 먹어도 한 명은 즐겁게, 다른 한 명은 죄책감에 시달리며 먹게 되는 것이다.

다이어트하는 사람에게는 꿈이 있다. 다이어트에 성공해 원하는 몸매를 얻거나 원하는 옷을 입거나, 가벼운 몸을 얻으려는 즐거운 상상을 한다. 이것이 바로 우리가 그토록 사랑하고 갈망하는 꿈이다.

　사람은 태어남과 동시에 죽어가는 존재다. 당장 내일 죽을 수도 있다. 어차피 죽는 사람은 왜 노력하고, 선택하고, 고통받으며, 즐거움을 찾으려고 할까? 사람이 그 어떤 것보다 위대하고 멋있는 것은 모두가 마음속에 빛나고 있는 꿈을 가지고 있기 때문이다. 사소한 것부터 큰 것까지 우리는 매일매일 꿈을 꾸며 즐거움을 찾아나선다. 언제가 될지 모를 죽을 날만을 기다리는 것이 아니라, 꿈을 누리며 살아가는 것이다.

　살아가다 보면 뜻하지 않게 무능함을 느끼는 순간들도 있다. 스스로 어쩌지 못하는 순간을 마주하다 보면 쉽게 우울해지고, 슬퍼진다. 다이어트를 하는 와중에 너무도 맛있는 치킨이 눈앞에 있는 어쩔 수 없는 순간처럼 말이다.

　이 세상은 뜻대로 되지 않는 순간으로 가득하다. 그럼에도 사람은 꿈으로 살아간다. 현명한 사람은 그 뜻대로 되지 않는 순간도 꿈을 이루어가는 과정 속의 하나라고 생각한다. 그 꿈속에 포함된 운

# CREATING

명도 받아들이면 행복해진다. 어쩔 수 없는 상황을 꿈속의 과정으로 받아들이고 치킨을 즐기는 것이다. 그 순간을 그렇게 보내고 더 잘 해낼 것이라는 생각으로 다음 계획을 잡는 것이다. 다음 날의 식단을 조절한다든지, 운동을 나간다든지, 그 속에서 꿈을 실행하는 스스로의 모습을 기특해하면서 나아가는 것이다.

작은 꿈이든, 큰 꿈이든 그 꿈을 통해 항상 기뻐하자. 통제할 수 없는 나의 안타까운 상황도 꿈이 있기에 즐겁게 받아들이고 이겨낼 수 있다고 스스로 다독이자.

스스로에게 질문을 던져보자. 내가 살아가는 이유, 내가 당장 내일 죽어도 해야만 하는 일이 무엇인지 생각해보자. 꿈은 사람이다. 사람은 꿈이다. 나는 이 세상 모든 꿈을 존중하며, 모든 사람을 존경한다. 존경받을 준비가 되었는가?

꿈을 내 삶과 분리하지 말자. 내 삶을 꿈과 일치시켜 모든 순간을 꿈으로 이루어가는 과정이라고 생각해보자.

## 감사의 말을 전하며

이 책이 탄생하기까지 예상보다 시간이 많이 걸렸다. 곳곳에 감사할 분들이 있다. 무엇보다 제일 먼저 생각나는 나의 모든 것이신 하나님께 감사함을 표한다.

이 책을 쓰면서 계속해서 생각나는 사람은 부모님이다. 부족하지만, 가까이 있든, 멀리 있든, 나를 늘 사랑해주셔서 감사하다. 항상 마음으로 잘되길 기도해주시는 정말 많이 사랑하는 우리 할머니. 여러 가지로 많은 도움을 주시는 친척분들에게 감사의 마음을 전한다. 그리고 하나뿐인 똘끼 충만한 사랑하는(?) 여동생에게도 나의 꿈을 지지해줘서 늘 고맙다.

책과 사업의 영역 그리고 꿈의 영역에서, 많은 조언을 해주신 박비주 트윙클 컴퍼니 대표님, 이정하 대표님, 서지혜 부대표님, 임시완 책창 대표님, 노우리 하브루타 스피치 대표님에게 깊은 감사를 전한다. 언제나 유능하고 큰 힘이 되어주는 CLAS의 소종갑 전 편

# CREATING

집장, 이영광 연구원, 이현우 연구원, 그 외 함께하는 선생님들에게도 깊은 감사를 전한다. 초보 작가가 놓칠 수 있는 많은 부분을 친절하게 알려주시고, 미래를 꿈꿀 수 있게 아낌없이 조언해주신, 두드림 미디어 한성주 대표님에게 깊은 감사를 표한다.

소중한 경험과 감동으로 인생에 큰 힘이 되었던 창원경상대학교병원 간호사 시절을 생각하며, 옥성호 교수님을 비롯, 함께했던 선생님들에게 깊은 존경과 감사를 표한다. 언제나 보고 싶다.

그리고 지금 이 책을 펼치고 있는 꿈꾸는 여러분에게 깊은 감사를 표한다. 콘텐츠를 나누고 꿈을 꾸는 것 자체가 이 세상을 위대하고 가치 있게 하는 것이다. 즐거움과 행복함으로 가득할 세상을 꿈꾸며, 늘 여러분에게 감사하는 마음으로 노력할 것을 약속드린다.

꿈을 가지고 행복을 찾아 크리에이팅하라.

본 책의 내용에 대해 의견이나 질문이 있으면
전화(02)333-3577, 이메일 dodreamedia@naver.com을 이용해주십시오.
의견을 적극 수렴하겠습니다.

# 크리에이팅

제1판 1쇄 | 2020년 10월 12일

지은이 | 조인우
펴낸이 | 손희식
펴낸곳 | 한국경제신문*i*
기획제작 | (주)두드림미디어
책임편집 | 최윤경

주소 | 서울특별시 중구 청파로 463
기획출판팀 | 02-333-3577
영업마케팅팀 | 02-3604-595, 583 FAX | 02-3604-599
E-mail | dodreamedia@naver.com
등록 | 제 2-315(1967. 5. 15)

ISBN 978-89-475-4614-0 (03320)